bombeiro civil, defesa civil e gerenciamento de desastres e crises

**EDITORA intersaberes**

*O selo DIALÓGICA da Editora InterSaberes faz referência às publicações que privilegiam uma linguagem na qual o autor dialoga com o leitor por meio de recursos textuais e visuais, o que torna o conteúdo muito mais dinâmico. São livros que criam um ambiente de interação com o leitor – seu universo cultural, social e de elaboração de conhecimentos –, possibilitando um real processo de interlocução para que a comunicação se efetive.*

# bombeiro civil, defesa civil e gerenciamento de desastres e crises

Jean Flávio Martins Campos

**EDITORA intersaberes**

Rua Clara Vendramin, 58
Mossunguê . CEP 81200-170
Curitiba . PR . Brasil
Fone: (41) 2106-4170
www.intersaberes.com
editora@editoraintersaberes.com.br

- Conselho editorial
  Dr. Ivo José Both (presidente)
  Dr.ª Elena Godoy
  Dr. Nelson Luís Dias
  Dr. Neri dos Santos
  Dr. Ulf Gregor Baranow
- Editor-chefe
  Lindsay Azambuja
- Editor-assistente
  Ariadne Nunes Wenger
- Projeto gráfico
  Raphael Bernadelli
- Capa
  *Design*: Mayra Yoshizawa
  Imagem: ChiccoDodiFC, Bumble Dee,
  Stu Shaw e blew_s/Shutterstock
- Iconografia
  Célia Suzuki

---

Dados Internacionais de Catalogação na Publicação (CIP)
(Câmara Brasileira do Livro, SP, Brasil)

Campos, Jean Flávio Martins
  Bombeiro civil, defesa civil e gerenciamento de desastres e crises/Jean Flávio Martins Campos. Curitiba: InterSaberes, 2017.

  Bibliografia.
  ISBN: 978-85-5972-364-9

  1. Bombeiros 2. Crises 3. Defesa civil 4. Desastres 5. Equipamentos contra incêndio 6. Incêndios – Prevenção 7. Segurança – Administração I. Título.

17-02437    CDD-363.377

Índices para catálogo sistemático:
1. Bombeiros: Defesa civil e gerenciamento de desastres e crises: Bem-estar social 363.377

1ª edição, 2017.

Foi feito o depósito legal.
Informamos que é de inteira responsabilidade do autor a emissão de conceitos.

Nenhuma parte desta publicação poderá ser reproduzida por qualquer meio ou forma sem a prévia autorização da Editora InterSaberes.

A violação dos direitos autorais é crime estabelecido na Lei n. 9.610/1998 e punido pelo art. 184 do Código Penal.

apresentação 11

como aproveitar ao máximo este livro 15

Capítulo 1   Bombeiro civil e brigada de incêndio - 19

  1.1   Bombeiro civil - 22
  1.2   Brigada de incêndio - 56

Capítulo 2   Defesa Civil, plano de contingência e plano de emergência contra incêndio - 81

  2.1   Defesa Civil - 82
  2.2   Plano de contingência - 102
  2.3   Plano de emergência contra incêndio - 104

sumário

Capítulo 3   Desastres - 119

   3.1   Origens dos desastres - 121
   3.2   Intensidade dos desastres - 158
   3.3   Evolução dos desastres - 160

Capítulo 4   Situações de crise ou emergência - 171

   4.1   Grau de risco de uma crise e nível de resposta - 174
   4.2   Fases de uma crise - 179
   4.3   Elementos operacionais essenciais - 184

Capítulo 5   Gabinetes de Gerenciamento de Crises e Desastres - 199

   5.1   Gerenciamento integrado de crises e desastres - 200
   5.2   Gabinete de Gestão Integrada (GGI) - 201
   5.3   Gabinete de Gerenciamento de Crises (GGC) - 208
   5.4   Administração de desastres - 216
   5.5   Centros de gerenciamento de desastres (CGDs) - 223

Capítulo 6 **Sistema de Controle de Incidentes (SCI) - 235**

6.1 Os nove princípios fundamentais do SCI - 239

6.2 Recursos do SCI - 242

6.3 Instalações do SCI - 245

6.4 Cadeia de comando - 249

6.5 Primeiras ações ou procedimentos do SCI - 260

para concluir... 267

lista de siglas 269

referências 271

respostas 281

sobre o autor 285

Agradeço a Deus, que colocou as pessoas certas para caminhar ao meu lado e que me permitiu ter o ânimo suficiente para romper as barreiras das dificuldades que a mim se apresentaram.

A meus pais, pela dádiva da vida e os anos de dedicação a mim dispensados.

Ao amigo Jorge Bernardi, que me incentivou intensamente a escrever este livro e que, com a visão de um mestre escultor que enxerga a obra pronta onde a maioria das pessoas só vê a pedra bruta, acreditou em mim mais que eu mesmo em vários momentos.

Aos dirigentes da Sede da Arte Mahikari de Curitiba (PR) pelas orientações no caminho da minha busca em melhorar como pessoa.

E a minha esposa, Cristiane Furman Campos, que foi essencial em minha empreitada profissional e na realização deste trabalho.

Este livro tem o propósito de instruir você sobre as atividades do bombeiro civil, as atividades e a organização de brigadas de incêndio, a Defesa Civil, situações de crise e desastres, os Gabinetes de Gerenciamento de Crises e Desastres e o Sistema de Controle de Incidentes (SCI). Acreditamos que esse conhecimento é útil não apenas para a caminhada profissional de alguém da área, mas também para a vida particular de qualquer cidadão.

No Capítulo 1, as informações concentram-se no trabalho do bombeiro civil e das brigadas de incêndio. O capítulo aborda, ainda, a prevenção de incêndios e o controle de ações internas das organizações realizadas por esses dois grupos.

No Capítulo 2, tratamos da Defesa Civil, sua história e sua estrutura nos âmbitos federal, estadual e municipal. Esse assunto é muito vasto, e os órgãos oficiais, como a Secretaria Nacional de Proteção e Defesa Civil (Sedec) e as Defesas Civis Estaduais e Municipais, constituem-se em fontes acessíveis para o aprofundamento dos estudos sobre tal conteúdo. Ainda no Capítulo 2, examinamos o plano de contingência e o plano de emergência contra incêndio, que devem seguir a padronização mínima das ações voltadas à otimização de socorros públicos ou de terceiros e à busca constante pela

apresentação

diminuição dos riscos de acidentes dentro das empresas e instituições para salvaguardar a vida e o patrimônio.

Situações de desastres são abordadas no Capítulo 3. São analisados os vários desastres que podem acometer a população mundial, em particular no Brasil, em razão de fatores não controláveis da natureza e da dinâmica do próprio planeta; os causados pela interferência da humanidade; e, ainda, aqueles que envolvem as duas situações anteriores, maximizando danos e prejuízos.

No Capítulo 4, tratamos das situações de crise e emergência. Descrevemos os procedimentos de organização e manutenção do controle em casos de crise ou de situação adversa que causa pânico e desordem em algum setor ou atividade da vida humana.

No Capítulo 5, analisamos os gabinetes formados para gerenciar crises e desastres. Ainda nesse capítulo, abordamos os esforços constantes para promover uma política da integração por meio da qual se implantem projetos, programas e ações que estimulam as boas práticas e se promovam políticas públicas sociais de caráter básico, sem as quais o resultado negativo global na segurança pública persiste e seus índices tendem a aumentar.

No Capítulo 6, apresentamos o Sistema de Controle Incidentes (SCI), um sistema internacional e uma plataforma de gerenciamento unificada também utilizada no enfrentamento de situações de emergência.

Com este livro, buscamos oferecer ao futuro gestor os subsídios mínimos para gerenciar as equipes sob sua responsabilidade em situações de emergência, bem como para conhecer os órgãos públicos que são responsáveis pelas ações de emergência e pelo direcionamento de recursos para a prevenção e a recuperação dos locais atingidos.

Esses conhecimentos são essenciais, uma vez que, no Brasil, detectamos um número expressivo de desastres, como inundações, deslizamentos, incêndios, enxurradas, vendavais, chuvas de granizo, epidemias e pragas, que poderiam ser reduzidos se houvesse maior atenção à prevenção e à formação de recursos humanos em todos os níveis, desenvolvendo uma cultura nacional de defesa civil e gerenciamento de crises e desastres.

Também fazemos votos de que você se sinta motivado a aprofundar seus conhecimentos, uma vez que existe uma grande quantidade de informações disponíveis sobre o assunto, além de serem fundamentais a pesquisa e a atualização constantes. Temos muito a aprender ainda!

Este livro traz alguns recursos que visam enriquecer o seu aprendizado, facilitar a compreensão dos conteúdos e tornar a leitura mais dinâmica. São ferramentas projetadas de acordo com a natureza dos temas que vamos examinar. Veja a seguir como esses recursos se encontram distribuídos no decorrer desta obra.

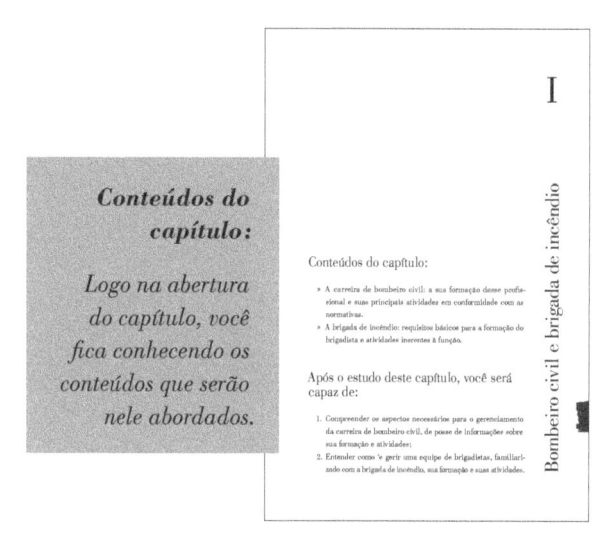

## Conteúdos do capítulo:

*Logo na abertura do capítulo, você fica conhecendo os conteúdos que serão nele abordados.*

## Após o estudo deste capítulo você será capaz de:

*Você também é informado a respeito das competências que irá desenvolver e dos conhecimentos que irá adquirir com o estudo do capítulo.*

# como aproveitar ao máximo este livro

### Para saber mais

Você pode consultar as obras indicadas nesta seção para aprofundar sua aprendizagem.

### Para saber mais

Consulte os Anexos A (Composição da brigada de incêndio por pavimento ou compartimento), C (Cargas de incêndio específicas por ocupação) e D (Método para levantamento da carga de incêndio específica).

ABNT - Associação Brasileira de Normas Técnicas. **NBR 14276**: brigada de incêndio: requisitos. Rio de Janeiro, 2006.

Agora que já tratamos da composição da brigada de incêndio, vejamos quais são os critérios básicos para selecionar um brigadista.

A NBR 14276 (ABNT, 2006) define cinco requisitos básicos para que uma pessoa possa ser candidata a brigadista:

**Critério para se candidatar a Brigadista**
1. permanecer na edificação durante seu turno de trabalho;
2. possuir boa condição física e boa saúde;
3. possuir bom conhecimento das instalações;
4. ter mais de 18 anos;
5. ser alfabetizado.

O primeiro critério diz respeito à permanência do brigadista durante sua jornada de trabalho – o brigadista não deve afastar-se por longos períodos do local, ainda que esteja no edifício por outro motivo, como no caso dos moradores de um edifício residencial. O brigadista deve ser treinado e certificado para cada caso. O regulamento indica que o gestor procure colocar como brigadistas do local pessoas que tenham posto fixo de trabalho e não necessitem

### Para saber mais

Assista ao vídeo indicado a seguir, sobre ações preventivas em encostas, produzido pelo Instituto de Pesquisas Tecnológicas (IPT), e conheça as principais causas identificadas de deslizamento de terra.

IPT – Instituto de Pesquisas Tecnológicas. **Área de risco**: informação para prevenção. 24 jul. 2012. Disponível em: <https://www.youtube.com/watch?v=hbKWHs09jFA>. Acesso em: 18 dez. 2016.

### Estudo de caso

O rompimento de barragens no Brasil e no mundo: desastres mistos ou tecnológicos?

O rompimento de barragens é uma modalidade de desastre consideravelmente reincidente na história da humanidade. Geralmente, é causado por dois fatores que atingem às estruturas físicas das barragens:

1. **Fenômeno natural**: desastre misto, quando as estruturas são acometidas por grandes tempestades ou terremotos (forças da natureza) que se somam às falhas em tecnologia humana.
2. **Erros no planejamento e execução da obra**: desastre tecnológico, quando há somente falhas no emprego da tecnologia humana.

De forma geral, as barragens são utilizadas com a função de reservatório de água para abastecimento das atividades humanas ou para retenção de rejeitos minerários. O Quadro 3.3 relaciona algumas das ocorrências de rompimento de barragens no mundo registradas no último século, por ordem cronológica.

*Parte deste estudo de caso tem como base o artigo de Alves (2016).*

### Estudo de caso

Esta seção traz ao seu conhecimento situações que vão aproximar os conteúdos estudados de sua prática profissional.

### Síntese

Neste capítulo, examinamos, os requisitos básicos para a contratação de um bombeiro civil e a formação básica estipulada pela NBR 14608, que é a norma nacional. Além disso, vimos os conceitos dos fenômenos específicos de um incêndio (flashover, backdraft, blawe, boil over), os equipamentos de combate a incêndio e equipamentos de proteção individual (EPIs) de uso obrigatório. Assim, somando esses conhecimentos, temos a base para prever a estrutura necessária para contratar e manter esse profissional e para que ele realize suas atividades e garanta a segurança nas questões relacionadas à sua atuação.

Tratamos também da brigada de incêndio, que atua no princípio de incêndio e no atendimento básico de socorro em emergências. Apresentamos exemplos de diferentes composições de brigada de incêndio, bem como os requisitos básicos para sua formação, em conformidade com a NBR 14276. Esse grupo se constitui, em sua maioria, em uma organização interna voluntária de pessoas, mas que também pode ser formada por indicação. A formação do brigadista é similar do bombeiro civil, mas há uma grande diferença quanto à carga horária de treinamento; além disso a competência da brigada que atua nas empresas é limitada quando comparada à dos bombeiros.

### Síntese

Você dispõe, ao final do capítulo, de uma síntese que traz os principais conceitos nele abordados.

## Questões para revisão

Com estas atividades, você tem a possibilidade de rever os principais conceitos analisados. Ao final do livro, o autor disponibiliza as respostas às questões, a fim de que você possa verificar como está sua aprendizagem.

## Questões para revisão

1) O bombeiro é uma pessoa:
   a. treinada e capacitada, atuante no combate à vida.
   b. treinada e capacitada, atuante no combate a emergências.
   c. capacitada e treinada, atuante na proteção à vida.
   d. capacitada e treinada, atuante na proteção somente do patrimônio.

2) Os bombeiros profissionais civis são:
   a. voluntários pertencentes a uma corporação governamental militar.
   b. concursados pertencentes a uma organização não governamental.
   c. profissionais que atuam em empresas, instituições e eventos diversos, de forma remunerada.
   d. voluntários que atuam em empresas, instituições e eventos diversos.

3) Não faz parte do conteúdo programático da formação do bombeiro civil:
   a. salvamento em águas profundas.
   b. salvamento terrestre.
   c. prevenção e combate a incêndio.
   d. uso e funcionamento de equipamentos de combate a incêndio e auxiliares.

4) Não é um tipo de extintor de incêndio:
   a. Tipo A – carga de água pressurizada.
   b. Tipo B – carga de pó químico.
   c. Tipo L – carga de líquido congelante.
   d. Tipo C – carga de fosfato monoamônico.

10) Um extintor de incêndio pode ser utilizado para qualquer situação de incêndio ou princípio de incêndio?

## Questões para reflexão

1) Você sabe quantos brigadistas ou bombeiros podem ser necessários em um edifício ou na empresa em que você trabalha?
2) Você acha que os critérios para constituir uma brigada de incêndio são facilmente atingidos?

## Questões para reflexão

Nesta seção, a proposta é levá-lo a refletir criticamente sobre alguns assuntos e a trocar ideias e experiências com seus pares.

# I

# Bombeiro civil e brigada de incêndio

## Conteúdos do capítulo:

» A carreira de bombeiro civil: a formação desse profissional e suas principais atividades em conformidade com as normativas.
» A brigada de incêndio: requisitos básicos para a formação do brigadista e atividades inerentes à função.

## Após o estudo deste capítulo, você será capaz de:

1. compreender os aspectos necessários para o gerenciamento da carreira de bombeiro civil, de posse de informações sobre sua formação e atividades;
2. entender como e gerir uma equipe de brigadistas, familiarizado com a brigada de incêndio, sua formação e suas atividades.

Os primeiros registros de uma organização que realizava o serviço do que hoje chamamos de *Corpo de Bombeiros* remontam à Antiguidade, mais especificamente à época do Império Romano. Augusto se tornou imperador no ano 27 a.C. e, logo após, em 22 a.C., a cidade de Roma sofreu um grande incêndio, que o levou a formar um grupamento de pessoas que patrulhassem as ruas, incumbindo-as de duas tarefas: o combate a incêndios e o policiamento. Essas pessoas eram chamadas de *vigiles*. A corporação foi mantida até a queda do Império Romano (476 d.C.). Após esse período e durante a Idade Média, houve pouca evolução no serviço, chegando ao ponto de um incêndio ser considerado um dano inevitável que as pessoas combatiam conforme seus escassos recursos. Isso se manteve até o ano de 1666, quando houve um grande incêndio em Londres que destruiu grande parte da cidade, deixando um rastro de destruição e várias famílias sem abrigo. Até esse momento, não havia preparo profissional para o combate a incêndio, então as companhias de seguro da cidade se organizaram e iniciaram a formação de brigadas privadas para a proteção dos imóveis de seus segurados e se especializaram. Seu modo de organização e atuação foi difundido pelo mundo, e houve uma grande evolução da área e a formação de grandes quadros de profissionais (Enciclopédia Delta Universal, 1986a). A evolução dos técnicos e da tecnologia empregada pode ser vista ainda nos dias atuais.

A Associação Brasileira de Normas Técnicas (ABNT, 2007), órgão nacional que define as normas técnicas em várias áreas no território brasileiro, define o **bombeiro** como uma pessoa treinada e capacitada, atuante na proteção da vida, do meio ambiente e do patrimônio e que presta serviços de prevenção e atendimento a emergências. Os bombeiros podem ser divididos em:

» **bombeiros civis remunerados** ou **bombeiros profissionais civis**, que atuam em empresas, instituições e eventos diversos – a norma também considera bombeiros profissionais civis aqueles que atuam em uma organização não governamental (ONG) ou organização da sociedade civil de interesse público (Oscip);

» **bombeiros civis voluntários**, que se constituem em um grupo de pessoas que atuam voluntariamente em uma cidade ou região onde não exista serviço público para esse tipo de atividade – há parceria com prefeituras, associações de moradores, juntas comerciais, indústrias, entre outros formatos possíveis, que custeiam a organização;

» **bombeiros municipais**, cuja estrutura é similar à do bombeiro voluntário, diferindo apenas no que diz respeito ao responsável direto, no caso as prefeituras, que contrata por concurso público e mantém em remunerações e estrutura de trabalho;

» **bombeiros públicos**, os mais comuns, que atuam em corporação governamental militar ou civil de atendimento a emergências;

» **brigadas de incêndio voluntárias**, que consistem em grupos organizados, treinados e capacitados para ações de prevenção e combate ao princípio de incêndio e auxílio no abandono do local com segurança em casos de emergência, nos quais podem realizar primeiros socorros e conduzir as pessoas para uma área preestabelecida da edificação ou planta;

» **brigadas de incêndio remuneradas**, que cumprem a mesma função das brigadas voluntárias, porém são remuneradas, em locais onde não se consegue o número mínimo de voluntários.

## 1.1 Bombeiro civil

O bombeiro civil ou bombeiro profissional civil é a pessoa que trabalha exclusivamente na prevenção e no combate a incêndio, exercendo sua função remunerada e sendo contratado diretamente por empresas ou entidades para essa função. A Lei Federal n. 11.901, de 12 de janeiro de 2009 (Brasil, 2009a) dispõe que o profissional pode ser contratado por empresas privadas e públicas, sociedades de economia mista ou por prestadoras de serviço que sejam especializadas em prevenção e combate a incêndio. O bombeiro civil ou bombeiro profissional civil é mais comumente encontrado exercendo suas funções em empresas privadas, em que esse profissional é necessário também para a adequação das normativas, estando as empresas, assim, mais preparadas para incidentes.

Em razão da evolução das normativas dessa natureza, já existem municípios com legislação específica para a profissão, como no caso de Goiânia (GO), Guarujá (SP), Itanhaém (SP), Peruíbe (SP) e Porto Velho (RO).

A ABNT define a categoria da seguinte maneira: "O bombeiro civil é o profissional contratado para prestar serviço de prevenção e atendimento a emergências em uma planta, ou seja, local onde se encontra uma ou mais edificações ou área a ser utilizada para um determinado evento ou ocupação" (ABNT, 2007). Esta mesma normativa indica as condições para se contratar um bombeiro profissional civil e estabelece que o responsável pela implantação do bombeiro profissional civil em uma empresa ou instituição é quem tem sua posse direta, ou seja, o proprietário ou seu representante legal, ou, ainda, quem ele designar, desde que o faça por escrito.

Quais são os requisitos básicos para contratar tal profissional? Qual deve ser sua formação?

## 1.1.1 Requisitos básicos para contratação de bombeiro civil

A NBR 14608 (ABNT, 2007) define os requisitos para a contratação do bombeiro profissional civil, bem como sua formação e suas atividades básicas, direcionando e orientando a composição do quadro de bombeiro profissional civil. Entre as diretrizes para contratação, é preciso considerar a divisão de ocupação. Deve-se analisar qual é o grau de risco dos edifícios, levando-se em conta a atividade desenvolvida no local, além da área construída total da planta. Para tanto, existem tabelas na mesma normativa que orientam os responsáveis pela contratação no cumprimento dessa tarefa.

O Anexo A dessa norma dimensiona o número de bombeiros profissionais civis necessários e separa as edificações em doze grandes grupos, do A ao M, que são subdivididos conforme a ocupação do imóvel, seu grau de risco e a área construída total acima de 5.000 m², caso em que a normativa exige a contratação de bombeiro profissional civil. Na Tabela A.1 desse anexo, está disposta a maior parte dos tipos de ocupação dos imóveis, sendo possível enquadrar por aproximação as que não estão contempladas.

## Para saber mais

Consulte os Anexos A (Dimensionamento e aplicação de bombeiros profissionais civis) e C (Cargas de incêndio específicas por ocupação) da NBR 14608.

ABNT – Associação Brasileira de Normas Técnicas. **NBR 14608**: bombeiro profissional civil. Rio de Janeiro, 2007.

Utilizando-se da normativa e com o auxílio de um profissional da área, caso o responsável pela empresa ou instituição considere imperativo, dimensiona-se o número necessário de bombeiros profissionais civis na planta, havendo, até mesmo, a possibilidade de dispensa da contratação.

Seguem alguns exemplos de dimensionamento de contratação de bombeiro civil, cada um com diferentes características de edificação.

» Edificação do Grupo A (residencial) e Divisão A-3 (habitação coletiva), com grau de risco baixo e área construída de 6.000 m²: utilizando a Tabela A.1 do Anexo A da NBR 14608, constatamos que o quadro de funcionários da edificação está isento desse profissional.

» Edificação do Grupo D (serviço profissional), Divisão D-2 (agência bancária), com grau de risco baixo e área construída de 5.000 m²: utilizando a mesma tabela, verificamos que o quadro de funcionários dessa edificação deverá contar com um (1) bombeiro profissional civil.

» Edificação do Grupo E (educacional e cultura física) Divisão E-1 (escola em geral) com grau de risco médio e área construída de 20.000 m²: utilizando a mesma tabela, verificamos que o quadro de funcionários desta edificação também deverá contar com um (1) bombeiro profissional civil.

## 1.1.2 Formação básica do bombeiro civil

Feito, então, o dimensionamento da planta e definido o número de profissionais necessários, pode-se começar o processo de contratação. Para tanto, o gestor deve atentar para a formação básica e a carga horária de curso mínima exigidas pela NBR 14608 (ABNT, 2007), que o profissional deve apresentar em seu certificado, conforme demonstramos no Quadro 1.1.

*Quadro 1.1 – Conteúdo programático para a formação de bombeiro civil*

| Conteúdo programático | Teoria | Prática |
|---|---|---|
| Prevenção e combate a incêndio | 14 | 14 |
| Equipamentos de combate a incêndio e auxiliares | 9 | 18 |
| Atividades operacionais de bombeiro profissional civil | 3 | 6 |
| Equipamentos de proteção individual (EPIs) e equipamentos de proteção respiratória (EPRs) | 5 | 10 |
| Salvamento terrestre | 22 | 24 |
| Produtos perigosos | 8 | 10 |
| Primeiros socorros | 29 | 30 |
| Fundamentos da análise de riscos | 4 | 4 |
| Subtotal | 94 | 116 |
| **Total de teoria e prática** | **220** | |

Fonte: Elaborado com base em ABNT, 2007.

Na sequência, vamos discorrer sobre os pontos principais da formação do bombeiro civil de forma sucinta, visto que o conteúdo é muito extenso. O objetivo é esclarecer cada um dos itens listados no Quadro 1.1, de forma que você compreenda como deve ser a formação desse profissional e a capacitação necessária para o trabalho.

## ▪ Prevenção e combate a incêndio

Iniciamos pelo treinamento de prevenção e combate a incêndio, que objetiva dotar os aspirantes a bombeiro de conhecimentos de aspectos legais da profissão, que normatizam e regulam as atividades e as ações do profissional, bem como de aspectos teóricos, como a teoria do fogo, que explica como ele se forma e se propaga e como extingui-lo. O treinamento detalha como o princípio de incêndio evolui, havendo as condições ideais, e se torna um incêndio de fato.

# Para saber mais

Sugerimos que você consulte a NBR 13860 para mais informações sobre teoria do fogo. Assim, enriquecerá seus conhecimentos!

ABNT – Associação Brasileira de Normas Técnicas. **NBR 13860**: glossário de termos relacionados com a segurança contra incêndio. Rio de Janeiro, 1997.

Além disso, nesse treinamento, os incêndios são classificados e os agentes extintores corretos expostos, instruindo-se o combate ao incêndio conforme a capacidade instalada. Os alunos também são instruídos sobre a melhor forma de agir no combate ao incêndio, mediante a utilização de técnicas que proporcionem ações seguras e eficientes e permitam que a intervenção possa preservar sua vida e a dos que estão sob sua responsabilidade (ABNT, 2007, Anexo B).

Por via de regra, podem acontecer quatro fenômenos específicos em um incêndio: *flashover, backdraft, bleve* e *boil over*.

*O flashover* ou inflamação generalizada, em síntese, acontece com a entrada de oxigênio em abundância no ambiente, espalhando o fogo por convecção e radiação (Dematé, 2012) conforme mostra a Figura 1.1.

*Figura 1.1 – Flashover*

O *backdraft* consiste na diminuição do oxigênio no incêndio; em geral, acontece em ambientes fechados, resultando em uma explosão (Associação Humanitária dos Bombeiros Voluntários de Paço de Souza, 2013).

*Figura 1.2 – Backdraft*

Bleve é a sigla em inglês para *Boiling Liquid Expanding Vapor Explosion*, que é o fenômeno ocorrido em recipientes com líquidos inflamáveis sob pressão que vêm a explodir (Bleve, 2016; Araújo, 2008).

Figura 1.3 – Bleve

TFoxFoto/Shutterstock

Boil over, segundo Araújo (2008), consiste na expulsão da água contida no fundo de recipiente contendo líquidos combustíveis inflamáveis que, em razão do aquecimento durante um incêndio, são espalhados e arremessados a longas distâncias (ver Figura 1.4).

*Figura 1.4 – Boil over*

Os conceitos gerais de prevenção, educação e proteção contra incêndio e a forma como os materiais reagem ao fogo e ao calor também são contemplados no curso de formação, assim como o Auto de Vistoria do Corpo de Bombeiros (AVCB), documento muito importante expedido pelo Corpo de Bombeiros e necessário para documentação e registro.

O bombeiro deve conhecer os equipamentos de combate a incêndio que pode encontrar na planta e ser capaz de apontar se existe divergência entre esses equipamentos e os que a norma dita como necessários, além de sugerir alguma melhoria no sistema de combate a incêndio. Salientamos que pode haver motivos variados para ocorrer alguma divergência, como esquecimento, equívocos ou desatualização. Portanto, o coordenador da brigada e o(s) bombeiro(s) contratado(s) devem ficar atentos a mudanças – seja na atividade executada no local, seja em características estruturais no imóvel – e, assim, apontar as alterações de equipamentos e sinalização necessárias para adequação às normas. Os equipamentos serão abordados com maior profundidade na próxima seção.

Para preparar melhor o bombeiro, essa etapa do treinamento prevê a prática, em que é preciso demonstrar os procedimentos de abandono do local com segurança, por meio das rotas de fuga, e as ações a serem tomadas no auxílio às pessoas, observando-se a adequação das sinalizações e da iluminação de emergência nas salas e nos setores, nos corredores e nas escadas. O bombeiro deve verificar as saídas de emergência, se estão em perfeito funcionamento e se estão adequadas ao ambiente e à população da planta, bem como o sistema de detecção de fumaça e alarme de incêndio e os meios de aviso de abandono da edificação.

Vistos os equipamentos e a teoria do fogo, as instruções de combate a incêndio se iniciam. O bombeiro deve ser capaz de contribuir para a segurança das instalações e das pessoas depois de formado, devendo estar capacitado para propor melhorias e realizar ações em seus setores de trabalho ou em outro em que tenha identificado pontos a serem corrigidos.

Nessa etapa, ainda devem ser ensinadas técnicas e táticas destinadas à entrada, forçada ou não, em ambiente com ventilação natural ou em que seja necessário providenciar ventilação artificial. O aspirante a bombeiro deve ser preparado para o combate ao incêndio e o resgate de pessoas em ambientes adversos que possivelmente encontrarão em sua carreira, devendo conhecer bem as técnicas de busca e exploração da área atingida pelo incêndio para resgatar possíveis vítimas e combater o fogo mediante a utilização de agentes extintores, como água ou espuma. A normativa também sugere que se exponham os diferentes veículos dos agentes extintores, como mangueiras de incêndio, hidrantes e/ou viaturas (caminhão-pipa) e extintores portáteis, além de técnicas de correto manuseio e utilização desses veículos, essenciais no cotidiano. Com esse conhecimento, o bombeiro estará preparado para os incêndios e também para a prevenção de ocorrências dessa natureza, que deve ser realizada no dia a dia, corrigindo-se os desvios que possam existir.

O gestor deve estar atento à ocorrência de modificações de natureza estrutural do edifício ou de alteração da natureza da atividade realizada, pois tais mudanças podem requerer treinamento adicional de combate a incêndio, exigindo a correta adequação às normas. Assim, caso ocorra alguma situação em que os bombeiros precisem combater algum incêndio e realizar manobras de abandono das dependências das instalações, estarão cientes dessas ocorrências, treinados e adaptados às mudanças e serão capazes de avaliar, rapidamente, o que é possível executar com segurança, de acordo com a técnica ensinada, preservando sua integridade física e a dos que estão sob sua responsabilidade.

## ■ Equipamentos de combate a incêndio

Outra parte importantíssima do conteúdo programático para a formação do bombeiro civil é o conhecimento mais profundo sobre os tipos de equipamentos utilizados no combate a incêndio, ferramentas que utilizará no caso de alguma ocorrência. Segundo a normativa, essa parte do treinamento deve aliar teoria e prática, pois, quando houver a necessidade de o bombeiro utilizar esses equipamentos, deve fazê-lo o mais rápido possível, dada a urgência de sua atuação, limitada aos primeiros momentos em que ainda se trata de um foco de incêndio – passando alguns minutos, esse foco já pode ter evoluído para um grande incêndio. Portanto, cada minuto, cada segundo é muito importante, o que exige do profissional segurança no manuseio dos equipamentos, sem que haja dúvidas ou titubeação por parte do bombeiro.

Como o conteúdo merece um maior detalhamento, a normativa divide essa etapa do treinamento em quatro partes principais:

1. equipamentos de operação manual;
2. sistema fixo e operação automática;
3. auxiliares;
4. avaliação (prova).

Vejamos a primeira parte, que trata dos **equipamentos de operação manual** ou **extintores**, seus tipos de carga para atuação nos diferentes tipos de incêndio e sua devida identificação.

*Figura 1.5 – Extintor*

» **Tipo A**: carga de água pressurizada, para combate a incêndio em materiais combustíveis sólidos, como madeira e papel. Identificado por um triângulo de cor verde com a letra A no centro.
» **Tipo B**: carga de pó químico, para combate a incêndio em materiais líquidos combustíveis que queimam em superfície, como gasolina e solventes. Identificado por um quadrado de cor vermelha com a letra B no centro.
» **Tipo C**: carga de gás carbônico ($CO_2$), para combate a incêndio em materiais elétricos ou energizados, como computadores e eletrodomésticos. Identificado por uma círculo de cor azul com a letra C no centro.

» **Tipo ABC**: carga de fosfato monoamônico, para combate a incêndio em qualquer material que os extintores dos tipos A, B e C combatem.

» **Tipo D**: carga de cloreto de sódio ou grafite, para combate a incêndio em materiais metais combustíveis ou pirofóricos, como rojões e pólvora. Identificado por uma estrela amarela com a letra D no centro.

» **Tipo K**: carga de gás carbônico ou acetato de potássio, recomendado para combate a incêndio em materiais como óleos e gorduras de cozinha. Identificado por um quadrado preto com a letra K no centro.

Outra informação desta parte do treinamento refere-se às dimensões dos extintores, que podem ser:

» **Portáteis**: em razão de seu peso e sua dimensão, é possível que o bombeiro se desloque com certa facilidade levando o equipamento até o local de combate ao foco de incêndio, sendo necessária, em geral, apenas uma pessoa para executar essa tarefa.

» **Extintores que necessitam de suporte com rodas**: em ambiente que exija uma carga maior de material extintor, o equipamento se torna demasiadamente pesado, inviabilizando seu transporte, com segurança, por uma pessoa sem uso do suporte. Esses extintores são utilizados, por exemplo, nos postos de gasolina.

*Figura 1.6 – Extintor em suporte com rodas*

Precisamos observar que os extintores, geralmente, ainda que conhecidos, passam despercebidos por muitas pessoas. O papel da gestão é propiciar a configuração de um cenário no qual todas as pessoas, e em especial o pessoal contratado – bombeiros civis e pessoal interno treinado, como os brigadistas –, saibam da existência desses equipamentos e, principalmente, onde estão localizados e se estão em perfeitas condições de uso.

Existem casos em que os extintores são percebidos e causam incômodo a algumas pessoas, que, por uma questão de estética, tentam escondê-los, por considerarem, talvez, que não harmonizam com a decoração local. Nessas situações, os gestores têm a tarefa de informar sobre a importância dos equipamentos e a necessidade do cumprimento da norma, visto que esses equipamentos podem salvaguardar vidas e seus patrimônios, devendo, por isso, estar em lugares específicos e com cores chamativas – geralmente, são utilizados o vermelho e o amarelo para a sinalização e fácil identificação.

Os extintores também podem causar desconforto quando são instalados em locais onde algumas pessoas insistem em dividir o espaço com eles, dificultando ou até obstruindo o acesso aos equipamentos. É recorrente que se chegue ao ponto de deslocar o equipamento do lugar destinado e devidamente sinalizado para utilizá-lo para outro fim, como acomodar uma mesa ou móvel. Novamente, é papel dos gestores a orientação das pessoas acerca da importância de seguir as regras de segurança contra incêndio, para melhor salvaguardar a vida e o patrimônio de todos.

Estas são algumas das situações indesejáveis com que os gestores podem se deparar, sendo necessário que intervenham para preservar as medidas de segurança quanto ao local dos equipamentos. Para não ser intransigente, nesses casos, o gestor pode fazer reuniões entre os interessados, para averiguar uma possível remoção e uma melhor acomodação tanto dos equipamentos como dos móveis, para que, assim, todos fiquem satisfeitos, na medida do possível e em coformidade com as normas.

A segunda parte desta etapa do treinamento se refere ao **sistema fixo e automático de extintores** de incêndio. Os equipamentos de sistema fixo e operação automática são interligados, formando um sistema em que a operação humana é mínima no combate, preservando, assim, a vida dos combatentes e reduzindo seu número. A intervenção humana, no entanto, é primordial na manutenção e vistoria periódica do sistema para que ele funcione corretamente.

Abordam-se o funcionamento e o manuseio dos hidrantes, que podem ser do modelo predial e, geralmente, ficam em um armário vermelho fixo na parede, juntamente com suas mangueiras, o esguicho e outros equipamentos de acoplagem.

*Figura 1.7 – Hidrante predial*

Também existem os hidrantes do modelo de coluna, que ficam fixos acima do nível do calçamento, e, ainda, os de recalque, que ficam fixos nas calçadas na frente dos edifícios. Por fim, há os subterrâneos, que ficam cobertos por uma placa metálica, muitas vezes, passando despercebidos pela população em geral. Todos eles são abastecidos por água pressurizada.

*Figura 1.8 – Hidrante de coluna*

*Figura 1.9 – Hidrante subterrâneo*

Os chuveiros automáticos *sprinklers* e os sistemas fixos que podem ejetar gás ou espuma mecânica já se encontram previamente instalados, espalhados e posicionados pelas edificações, a pronto emprego.

Esses sistemas são compostos por outros equipamentos, como as bombas, elétricas ou a combustão, que pressurizam a tubulação por onde passa a água ou a espuma para os hidrantes, os chuveiros e o sistema fixo. Conforme o tamanho do sistema, pode ser necessário haver mais pressão para alcançar com eficiência todas as extremidades; dessa forma, pode-se acoplar mais de uma bomba por sistema, sendo cada uma acionada em sequência para supri-lo.

*Figura 1.10 – Bomba*

Siyanight/Shutterstock

O bombeiro também deve receber instruções sobre alguns **equipamentos auxiliares**, como a escada prolongável e o material de iluminação – lanternas e refletores que facilitam a locomoção entre os ambientes para o combate ao incêndio ou o resgate de vítimas. Há, ainda, as ferramentas de corte, arrombamento e remoção, como machados, alavancas e ferramentas mais robustas, como as hidráulicas, que economizam tempo e esforço nas ocorrências. Muitas vezes, essa economia de tempo é o que faz a diferença entre a vida e a morte de uma vítima, sendo necessário, portanto, que o gestor providencie os equipamentos citados e os disponibilize aos seus colaboradores.

*Figura 1.11 – Escada prolongável*

*Figura 1.12 – Material de iluminação*

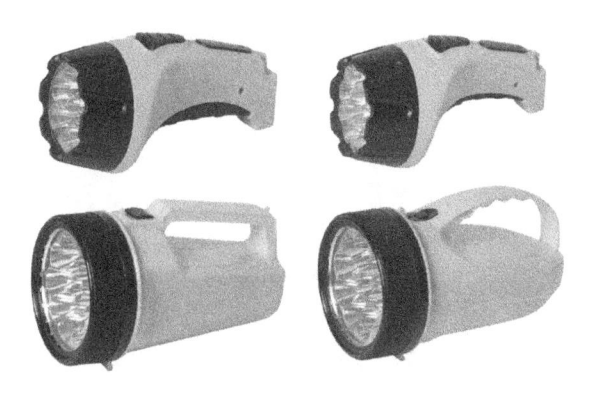

*Figura 1.13 – Ferramenta de corte – machado*

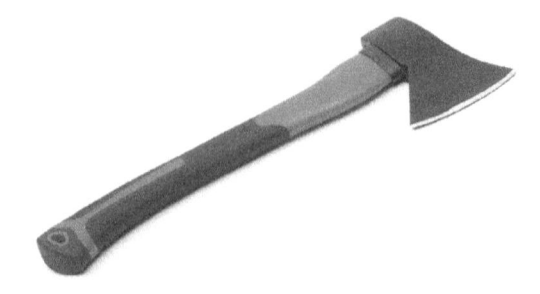

*Figura 1.14 – Ferramentas de arrombamento e remoção*

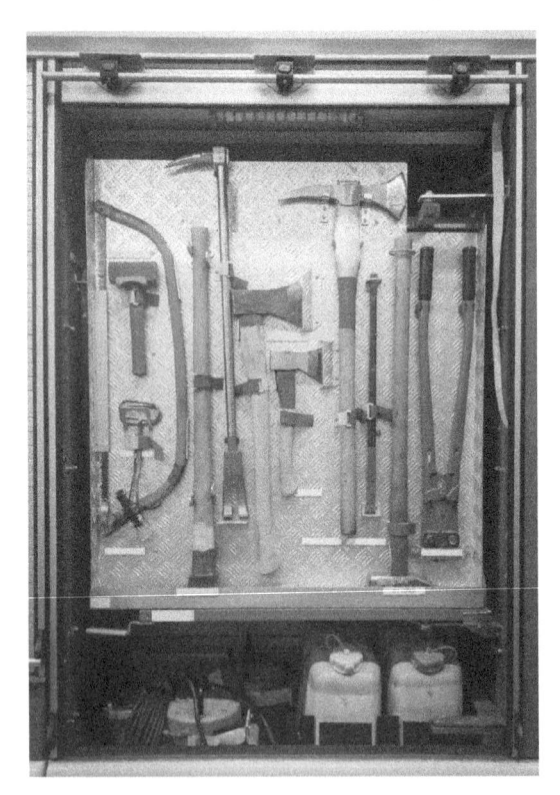

*Figura 1.15 – Ferramentas hidráulicas para corte e tração*

Os tipos de para-raios, bem como sua instalação e manutenção, também são assuntos abordados durante a formação de bombeiro, pois se trata de um equipamento estratégico na prevenção e redução dos riscos de incêndio.

*Figura 1.16 – Para-raios em funcionamento*

Após a abordagem de todo esse conteúdo, o instrutor dos bombeiros aplica as provas teórica e prática, nas quais o bombeiro deve ter aproveitamento mínimo de 80%.

## ▪ Atividades administrativas e operacionais de bombeiro profissional civil

O profissional também deve estar apto para as atividades administrativas e operacionais. Esse conteúdo abrange as atividades que constituem a rotina do bombeiro profissional civil, desde suas atividades operacionais básicas até os registros formais das atividades para o correto cumprimento de sua função.

As atividades operacionais estão relacionadas às inspeções visuais preventivas de extintores, mangueiras e outros equipamentos de combate a incêndio. Os profissionais também são responsáveis por providenciar pequenos reparos, como a troca de componentes simples, como bicos de chuveiro automático, e a manutenção dos equipamentos contra incêndio, bem como por manter o sistema funcionando corretamente. A atividade de vistoria em cabos e conectores de para-raios também faz parte das ações operacionais preventivas.

É necessário, igualmente, que o bombeiro conheça os sistemas de comunicação por voz e de dados, estando apto a utilizá-los, bem como os procedimentos para acionar os serviços públicos locais de atendimento a emergências: Serviço de Atendimento Móvel de Urgência (Samu), Corpo de Bombeiros, Serviço Integrado de Atendimento ao Trauma em Emergência (Siate), Defesa Civil, polícias, órgãos ambientais, entre outros.

*Quadro 1.2 – Números de telefones úteis em emergências*

| Número | Serviço |
|---|---|
| 153 | Guarda Municipal |
| 190 | Polícia Militar |
| 192 | Samu |
| 193 | Corpo de Bombeiros Siate |
| 199 | Defesa Civil |

As tarefas administrativas consistem no registro das atividades operacionais, como o preenchimento de relatórios e formulários exigidos pela norma e aqueles estipulados pelo coordenador da planta, caso veja necessidade e tenham relação com as atribuições dos bombeiros. Em relação aos registros exigidos nas normas, há o relatório de acompanhamento de trabalhos de risco, de inspeções e de acidentes e o relatório de incêndio, descritos na NBR 14023 (ABNT, 1997b) e sob responsabilidade do bombeiro.

Outro conhecimento disponibilizado durante a formação, conforme normativa, refere-se aos tipos de armazenagem e das instalações de gases, como gás liquefeito de petróleo (GLP – gás de cozinha), oxigênio, acetileno, nitrogênio, cloro e amônia, bem como aos procedimentos e manobras de emergência associados a esses elementos.

Mais uma vez, ao finalizar a abordagem do conteúdo, o instrutor aplica as provas teórica e prática, nas quais o bombeiro deve ter aproveitamento mínimo de 80%.

## Equipamento de proteção individual (EPIs) e equipamentos de proteção respiratória (EPRs)

Como o bombeiro trabalha com riscos e atua em ambiente instável e perigoso, durante o curso são apresentados alguns EPIs e EPRs e sua correta utilização.

Salientamos que, pela normativa, esses equipamentos são de uso obrigatório para todos, tanto para os que participam de instruções ou intervenções em ocorrências quanto para os que fazem vistorias e manutenção. Os EPIs exigidos aos bombeiros são diferentes, visto que alguns são específicos para o combate a incêndio, em razão do fato de sua composição apresentar maior resistência ao calor; outros são específicas para a exposição a produtos químicos e outros, ainda, para a exposição a gases. Os EPIs devem estar em conformidade com as normas brasileiras e, na falta destas, com as normas internacionais.

A seguir, relacionamos os EPIs que são recomendados pela normativa do conteúdo programático (ABNT, 2007); porém, podem surgir equipamentos que tragam alguma nova tecnologia que ofereça maior conforto, eficiência, seja mais durável, mais barato, mais leve, entre outras vantagens.

*Figura 1.17 – Protetor de face*

*Figura 1.18 – Protetor de cabeça*

*Figura 1.19 – Protetor auricular*

*Figura 1.20 – Protetor de olhos*

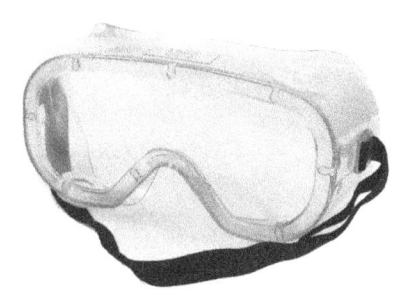

*Figura 1.21 – Protetor de corpo inteiro*

*Figura 1.22 – Protetor respiratório*

*Figura 1.23 – Protetor de membros inferiores*

*Figura 1.24 – Protetor de tronco e membros inferiores*

*Figura 1.25 – Protetor de membros superiores*

Na normativa fica claro que os EPIs devem ser disponibilizados pelo contratante e estar em condições de uso, devidamente guardados e substituídos assim que vencer a validade, sem falta. Dessa forma, o gestor deve manter algum controle desses equipamentos.

Durante o curso de formação, os alunos devem fazer uso dos equipamentos. Sugerimos que o encarregado pelos treinamento certifique-se de que o aprende tem conhecimento sobre tais equipamentos.

Ainda sobre os equipamentos de proteção, é bem provável que os EPRs não sejam conhecidos pela população por esse nome; no entanto, muitas pessoas já devem ter visto tais equipamentos, as máscaras. Os bombeiros, em alguns casos, precisam entrar em contato com gases tóxicos; portanto, devem conhecer as diferentes máscaras e saber qual delas usar dependendo da situação, além de conhecer as limitações dos equipamentos.

A NBR 14608 (ABNT, 2007) exige que, durante o curso de formação, sejam apresentados e manuseados pelo menos três tipos dessas máscaras; além disso, deve-se demonstrar como fazer corretamente a limpeza e a higienização. A normativa relaciona as seguintes máscaras: máscara filtrante; conjunto de máscara autônoma de ar respirável; máscara dedicada à vítima, chamada também de *máscara carona*. A normativa salienta, ainda, que o bombeiro civil deve entender as informações dispostas no equipamento que vem com as máscaras autônomas, o cilindro de ar respirável, e ser capaz de fazer o cálculo da autonomia de uso.

*Figura 1.26 – Máscara filtrante*

*Figura 1.27 – Máscara autônoma de ar respirável*

Nesta etapa do curso, o bombeiro recebe instrução teórica e prática, e o instrutor deve demonstrar a utilização dos equipamentos, assim como sua limpeza e higienização, conforme citado anteriormente. O instrutor deve, ainda, propor exercícios relativos ao cálculo da autonomia do conjunto autônomo de ar respirável. No fim da abordagem desse conteúdo, devem ser aplicadas as provas previstas.

## ■ Salvamento terrestre

As medidas de salvamento terrestre também são ministradas aos bombeiros, que devem ser instruídos quanto aos principais procedimentos em emergências em elevadores, em razão do número elevado desses equipamentos nos edifícios em geral, havendo a possibilidade de pane e a exigência de intervenção nesses casos. Além disso, fazem parte dos estudos dos bombeiros os procedimentos de prevenção e segurança em área de pouso de helicópteros, embarque e desembarque e resgate de vítimas.

São ministradas também as instruções do plano de emergência contra incêndio (abordado no próximo capítulo) e abandono do local, tanto em incêndios como em casos de ameaça de bombas e terrorismo, quando o pânico predomina e as ações impensadas das pessoas podem causar mais vítimas do que a própria ameaça. O bombeiro é instruído, ainda, sobre técnicas de resgate de vítimas em espaços confinados e em altura, bem como sobre os equipamentos necessários para a realização desse tipo de ação. A normativa, novamente, exige que o instrutor aplique as provas teóricas e práticas.

## ■ Produtos perigosos

O estudo dos produtos perigosos, com os quais o contato é muito recorrente na profissão, deve abranger a legislação que regula a identificação desses produtos, a forma de transportá-los e armazená-los com segurança, o modo como deve ser feito seu manuseio e as ações necessárias em casos de emergência, como isolar e conter os produtos.

O bombeiro, assim, é preparado para agir em casos em que se depare com vítimas, recebendo instrução sobre como proceder no resgate e na descontaminação da vítima e do ambiente. Ao final da apresentação desse assunto, o instrutor deve aplicar as provas teóricas sobre todo o conteúdo e as práticas exigidas na norma.

## ■ Primeiros socorros

O estudo dos primeiros socorros é o conteúdo de maior carga horária do curso e um dos mais úteis, tanto na vida profissional como na vida particular de qualquer bombeiro, pois são comuns situações que exijam manobras de primeiros socorros.

Durante o curso de formação, o bombeiro deve conhecer os conteúdos da legislação específica que regulamenta os procedimentos dos primeiros socorros exigidos para o bombeiro civil, uma vez que existe limitação de atuação desse profissional – alguns procedimentos são reservados exclusivamente aos socorristas profissionais ou aos profissionais da área médica. Como o próprio nome indica, trata-se apenas dos socorros primeiramente prestados até a chegada do socorro profissional ou até que a vítima seja encaminhada ao hospital.

Os procedimentos iniciais ensinados seguem uma sequência lógica que consiste em verificar:
» a segurança do local (riscos iminentes, isolamento do local);
» o número de vítimas;
» o atendimento médico hospitalar mais próximo.

Em contato com a vítima, o bombeiro deve realizar os procedimentos de:
» avaliação de seu estado (lesões, consciência, características);
» reunião dos dados referente à forma como provavelmente aconteceu o acidente;

» avaliação das vias aéreas em casos de obstrução em adultos, crianças e bebês.

Outro procedimento que deve ser de conhecimento do bombeiro é a reanimação cardiopulmonar (RCP), além dos equipamentos semiautomáticos para desfribilação externa precoce. Em casos de estado de choque da vítima, o bombeiro deve conhecer os sinais e sintomas desse mal e as técnicas de prevenção e tratamento, além de conhecer as técnicas para socorro em caso de hemorragias, fraturas, ferimentos e queimaduras, circunstâncias muito recorrentes.

O profissional recebe instrução para reconhecer emergências clínicas, como:

» acidente vascular cerebral (AVC);
» dispneias;
» crises de hipertensão e hipotensão;
» infarto agudo do miocárdio (IAM);
» diabetes;
» hipoglicemia.

Também deve ser instruído nas técnicas de movimentação, remoção e transporte de vítimas, assim como de pessoas com mobilidade reduzida, e igualmente capacitado para os casos de incidente que envolva um grande número de vítimas, nos quais deve ser ministrado o protocolo para incidente com múltiplas vítimas, que consiste no conhecimento de ações de avaliação, zoneamento, triagem e método *Start* para acidentes e incidentes. O bombeiro também deve conhecer a psicologia das emergências, que trata das reações das pessoas em situação de emergência e das medidas para administrar o estresse gerado nessas ocasiões.

## Fundamentos da análise de riscos

Esse conteúdo é dividido em duas partes:
1. Fundamentos da análise de riscos: o aspirante a bombeiro conhece os conceitos e as ferramentas que permitem perceber e identificar os perigos e, assim, analisá-los e avaliá-los, podendo mitigar suas consequências e mesmo promover sua eliminação.
2. Riscos específicos da planta e plano de emergência contra incêndio: realiza-se a discussão acerca dos riscos específicos mínimos das plantas de serviços de hospedagem, comerciais, centros comerciais, indústrias, depósitos em geral e locais de reunião pública. Nesta parte, é exigida uma visita técnica a qualquer uma das plantas estudadas, sob supervisão do instrutor. Ao final, também deve ser realizada a avaliação do conteúdo ministrado.

Descrevemos o conteúdo programático mínimo para o curso de formação de bombeiro civil conforme a NBR 14608 (ABNT, 2007). Após o estudo desses conteúdos e da realização das provas teóricas e práticas, com a obtenção da média mínima exigida, é emitida ao aspirante uma certificação válida por 12 meses, sendo necessário sempre fazer o **curso de reciclagem** para sua validação por mais um período de 12 meses.

A normativa também estipula os conteúdos específicos para o curso de reciclagem e a respectiva carga horária, indicados no Quadro 1.3.

*Quadro 1.3 – Conteúdo programático para cursos de reciclagem*

| Conteúdo programático | Teoria | Prática |
|---|---|---|
| Prevenção e combate a incêndio | 4 | 8 |
| Equipamentos de combate a incêndio e auxiliares | 4 | 8 |

*(continua)*

*(Quadro 1.3 – continua)*

| Conteúdo programático | Teoria | Prática |
|---|---|---|
| Atividades operacionais de bombeiro profissional civil | 2 | 2 |
| Equipamentos de proteção individual (EPIs) e equipamentos de proteção respiratória (EPRs) | 2 | 4 |
| Salvamento terrestre | 8 | 16 |
| Produtos perigosos | 4 | 8 |
| Primeiros socorros | 10 | 18 |
| Fundamentos da análise de riscos | 2 | 0 |
| Subtotal | 36 | 64 |
| **Total de teoria e prática** | **100** ||

Fonte: Elaborado com base em ABNT, 2007.

O curso de reciclagem é obrigatório. Nele, são revistos todos os conteúdos ministrados no curso de formação, porém com carga horária reduzida, conforme demonstra o Quadro 1.2. Lembramos que, também durante o curso de reciclagem, o bombeiro civil deve obter aproveitamento mínimo de 80% em cada módulo, tanto na teoria quanto na prática. Assim, receberá o certificado, que deve ser emitido sempre por profissionais habilitados (instrutor) e com validade máxima de 12 meses (ABNT, 2007).

Salientamos que o contratante de bombeiros profissionais civis deve atentar para a formação desses profissionais, se estão regulares com sua profissão e se o certificado foi expedido por profissional habilitado (instrutor). Fica a cargo do contratante providenciar identificação e uniforme, que não deve ser similar ao uniforme do bombeiro público local.

Tendo examinado a formação do bombeiro civil, a pergunta é: quais atividades esse profissional desenvolve?

### 1.1.3 Atividades básicas do bombeiro profissional civil

As atividades básicas de um bombeiro profissional civil estão relacionadas a uma rotina de procedimentos de prevenção e ações emergenciais, estudados no curso de formação. São atividades que o bombeiro profissional civil deve realizar sempre.

No que diz respeito às **ações de prevenção**, o bombeiro civil deve conhecer o plano de emergência contra incêndio da planta onde atua, inspecionar os equipamentos de combate a incêndio e solicitar suas aquisições, fazer o controle e a acomodação desses equipamentos, inspecionar as rotas de fuga a fim de sinalizá-las e liberá-las para uso, identificar os perigos e realizar avaliação dos riscos iminentes ou não.

O bombeiro civil deve participar ativamente dos exercícios simulados de abandono do local e, a qualquer tempo, sugerir melhoria nas condições das edificações no que diz respeito à segurança contra incêndio e acidentes. Deve participar também de avaliações e liberação de atividades de risco que ocorrem nas instalações, desde que compatíveis com sua formação, e acompanhar os serviços, registrando as atividades diárias sob sua responsabilidade e fazendo seu relato do ocorrido.

Outras atividades correlatas são as **ações de emergência**, que consistem na aplicação dos procedimentos básicos descritos no plano de emergência contra incêndio, que deve ser providenciado, previamente, pelo coordenador. Essas atividades estão na NBR 15219 (ABNT, 2005).

Para que todas as atividades previstas nas normativas sejam bem-sucedidas, lembramos que os gestores devem tomar as providências necessárias para manter as condições físicas e psicológicas mínimas do profissional (NBR 14608), além de prover os cursos de reciclagem. A atualização dos conhecimentos do bombeiro em casos de mudanças de estrutura física das edificações ou de alterações das atividades da organização também é de responsabilidade do gestor. A normativa exige a contratação de uma empresa ou órgão especializado na área de certificação de bombeiros para a devida adaptação na formação do profissional (ABNT, 2007).

Na sequência, vamos tratar da brigada de incêndio, que auxilia o bombeiro civil e, em edificações com menos de 5.000 m², para as quais não se prevê a contratação de bombeiros, atua nas emergências. Essa atuação é abreviada quando comparada à ação dos bombeiros, ainda que as atribuições dos brigadistas pareçam iguais às desses profissionais.

## 1.2 Brigada de incêndio

A brigada de incêndio é um grupo organizado de pessoas voluntárias ou indicadas, treinadas e capacitadas para agir na prevenção e no combate ao princípio de incêndio, auxiliando as pessoas no abandono seguro da área onde se encontram em direção a outra área preestabelecida, geralmente fora da edificação ou em outro lugar seguro da planta.

No caso de haver algum ferido, os membros lançam mão dos procedimentos de primeiros socorros, atuando até o limite do nível em que foram treinados, e aguardam a intervenção do socorro especializado em casos graves. Os membros são treinados e capacitados em prevenção de incêndio, que se constitui em uma série de medidas destinadas a evitar o surgimento de um princípio de incêndio, o qual pode ter várias causas simples, como curto-circuito em instalações elétricas ou a ponta acesa de um cigarro que foi descartado em uma lixeira.

Em casos de foco de incêndio, o brigadista precisa intervir com ações para dificultar a propagação desse foco e facilitar sua extinção. Essa ação evidencia a importância da brigada nessa fase do incidente, com a intervenção rápida de pessoa não profissional, porém capacitada e treinada para agir nesse momento. Nesse sentido, as normas NBR 14276 (ABNT, 2006) e NPT 017 do Corpo de Bombeiros do Paraná (Paraná, 2012) concordam quanto ao objetivo da brigada e estabelecem os requisitos para sua composição, formação e implantação, bem como para o curso de reciclagem. Como no caso dos bombeiros, esse treinamento visa à proteção da vida e do patrimônio, resultando na possível redução das consequências sociais do sinistro, que é a ocorrência proveniente de risco que resulta em prejuízo ou danos à vida, ao patrimônio e ao meio ambiente. A NPT 017 do Corpo de Bombeiros do Paraná estabelece, ainda, que a brigada pode atuar até a chegada do socorro especializado, exercendo, a partir de então, função de apoio, se necessário.

> E quais são os requisitos básicos para a formação de uma brigada de incêndio? Como prepará-la?

## 1.2.1 Requisitos básicos para formar uma brigada de incêndio

A princípio, a brigada deve ter uma hierarquia básica com um responsável ou coordenador geral e, se necessário, líderes de setores indicados entre os brigadistas; porém, isso depende da edificação e do número de brigadistas. A NBR 14276 (ABNT, 2006), além de regulamentar, exemplifica a organização da brigada, com organogramas adaptados aos critérios da normativa em relação a variáveis como:

» número de edificações da planta;
» pavimentos em cada edificação;
» população em cada um deles (edificação/pavimento);
» horários de permanência em cada local.

Para facilitar o entendimento e para auxiliar na formação de uma brigada de incêndio, a normativa fornece vários documentos anexos, os quais não foram inseridos nesta obra pelo grande volume de páginas. Entre eles está o Anexo A, uma tabela que auxilia na composição da brigada de incêndio. Separam-se em 12 os grandes grupos de atividades principais, do A ao M (A – residencial; B – serviço de hospedagem; C – comercial; D – serviço profissional; E – educacional e cultura física; F – local de reunião de público; G – serviço automotivo; H – serviço de saúde e institucional; I – indústria; J – depósito; L – explosivos; M – especial). Esses grupos principais se subdividem conforme a ocupação do imóvel, seu grau de risco (baixo, médio e alto) e a população fixa, ou seja, que permanece em seu interior a maior parte do tempo. Com essas informações, é definida a quantidade de brigadistas em cada local.

A tabela contempla a maior parte dos tipos de ocupação dos imóveis, sendo possível enquadrar por aproximação as que não estão citadas. Para facilitar o entendimento do assunto, vamos apresentar alguns exemplos de organogramas de brigada de incêndio de forma simplificada, cada um com diferentes características de edificação, população e horário de funcionamento.

O primeiro (Figura 1.28) é bem simples e comum, referente a uma edificação térrea, com grau de risco baixo, onde funciona um comércio pequeno, que atende em horário comercial e tem população fixa de oito pessoas. Utilizando a Tabela A.1 do Anexo A da NBR 14276 (ABNT, 2006), constatamos que o estabelecimento se encaixa no Grupo C, Divisão C-1, e necessita da seguinte formação: um coordenador geral e dois brigadistas.

*Figura 1.28 – Exemplo de organograma de brigada de incêndio – comércio (Grupo C)*

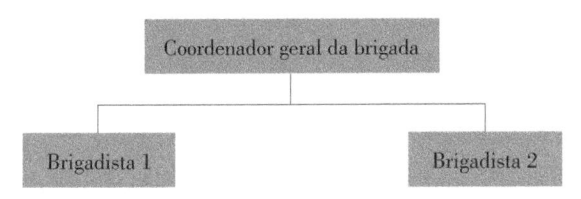

```
         Coordenador geral da brigada
         ┌─────────────┴─────────────┐
    Brigadista 1                Brigadista 2
```

Fonte: Adaptado de ABNT, 2016.

Conforme o exemplo, o organograma ficou bem simples, pois se trata de um ambiente com população fixa reduzida e com grau de risco baixo.

Em outro exemplo comum (Figura 1.29), podemos pensar hipoteticamente em um *shopping center* de compras em geral, enquadrado no Grupo C, Divisão C-3, com grau de risco médio, que funciona em um único turno de trabalho e em edificação única, porém com dois pavimentos, ambos com população fixa de 100 pessoas.

*Figura 1.29 – Exemplo de organograma de brigada de incêndio – shopping center (Grupo C)*

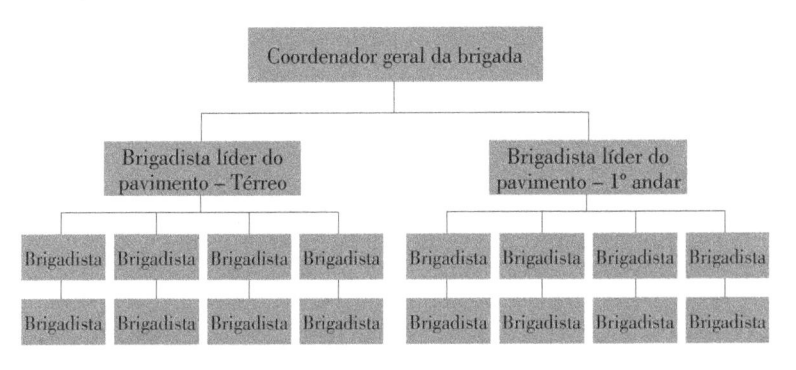

```
                    Coordenador geral da brigada
          ┌──────────────────┴──────────────────┐
   Brigadista líder do                  Brigadista líder do
   pavimento – Térreo                   pavimento – 1º andar
   ┌────┬────┬────┬────┐               ┌────┬────┬────┬────┐
 Brig. Brig. Brig. Brig.              Brig. Brig. Brig. Brig.
   │    │    │    │                    │    │    │    │
 Brig. Brig. Brig. Brig.              Brig. Brig. Brig. Brig.
```

Em linhas gerais, o organograma ficaria conforme demonstrado na figura, levando-se em consideração as instalações do edifício. Contudo, pela quantidade de pessoas fixas por pavimento, seriam necessários mais brigadistas, conforme a Tabela A.1 da NBR 14276, que traz 16 ressalvas ou notas para todos os estabelecimentos com população acima de 10 pessoas fixas. Entre elas, encontramos a nota de número 5, segundo a qual se deve aumentar o número de brigadistas conforme a população fixa de um pavimento, compartimento ou setor. Deve-se utilizar a seguinte regra para calcular esse número:

» 1 brigadista a mais a cada 20 pessoas para local de grau de risco baixo;
» 1 brigadista a mais a cada 15 pessoas para local de grau de risco médio;
» 1 brigadista a mais a cada 10 pessoas para local de grau de risco alto.

Portanto, verificamos a necessidade de acréscimo de 6 brigadistas por pavimento, totalizando 28 na edificação. Observamos, ainda, que essa estrutura já contempla o acréscimo de um brigadista líder por pavimento.

Como exemplo, podemos considerar ainda outro organograma de brigada de incêndio (Figura 1.30), mais abrangente, de uma indústria (normativa enquadrada no Grupo I, fábricas e atividades industriais em geral). Consideramos que a indústria funciona em dois turnos diurnos de trabalho e tem duas edificações térreas, onde trabalham 60 pessoas por turno, 40 delas na edificação que chamaremos de *Prédio 1*, e 20 na outra, que chamaremos de *Prédio 2*. No Prédio 1, o grau de risco é baixo; no Prédio 2, o grau de risco é alto.

*Figura 1.30 – Exemplo de organograma de brigada de incêndio – indústria (Grupo I)*

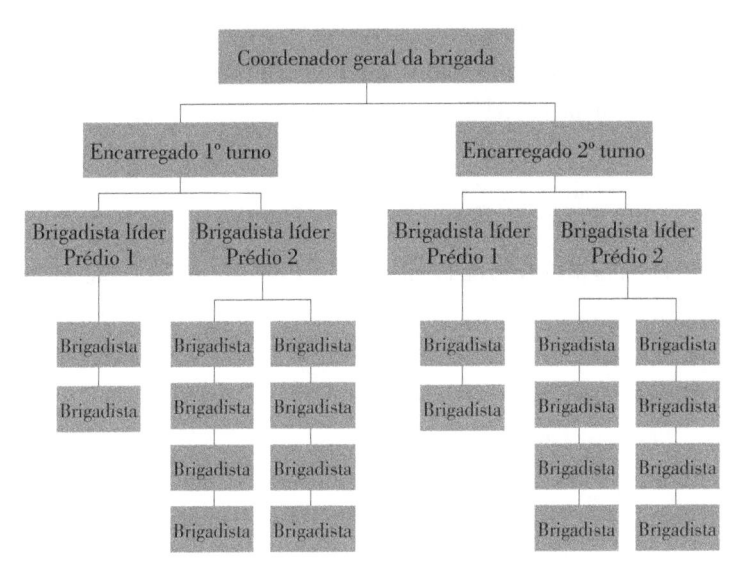

```
                    Coordenador geral da brigada
                    ┌─────────────┴─────────────┐
            Encarregado 1º turno         Encarregado 2º turno
            ┌───────┴───────┐             ┌───────┴───────┐
    Brigadista líder  Brigadista líder  Brigadista líder  Brigadista líder
        Prédio 1         Prédio 2          Prédio 1         Prédio 2
```

(Sob cada Brigadista líder, colunas de caixas "Brigadista")

Os cálculos foram feitos observando-se o grupo e o grau de risco. Entretanto, é importante atentar para a quantidade fixa de pessoas por edificação e em cada turno de trabalho. Como temos mais de 10 pessoas fixas por turno e por edificação, chegamos à conclusão de que são necessários mais brigadistas. Conforme a Tabela A.1 da NBR 14276, nota de número 5, verificamos a necessidade de acrescentar mais 2 brigadistas por turno no Prédio 1. Fazendo o mesmo procedimento para o Prédio 2, verificamos que, pelo grau de risco alto, será necessário mais 1 brigadista por turno. É importante lembrar que estes são exemplos didáticos e simplificados.

A normativa adverte que o responsável pela brigada de incêndio tem o dever de fazer o planejamento de acordo com a necessidade da edificação ou planta, bem de como implantar, monitorar e realizar análises críticas da brigada de incêndio. Também faz parte de sua atribuição emitir o atestado de brigada de incêndio, certificando que a equipe está em conformidade com a normativa da brigada e do plano de emergência contra incêndio. O responsável também deve manter todos os documentos relacionados à brigada atualizados e arquivados, podendo, assim, comprovar seu funcionamento. A normativa estipula que tal documentação deve ficar em arquivo por um período mínimo de cinco anos. Em caso de alteração do responsável pela brigada de incêndio, isso deve ser registrado por escrito.

No momento em que o responsável planejar a composição, a formação e a implantação da brigada, além da reciclagem dos conteúdos adquiridos na formação, ele deve observar cada um dos requisitos com atenção a fim de não precisar fazer alterações no decorrer do treinamento ou até mesmo após sua conclusão ou ter retrabalho por falha no planejamento.

Para a implantação da brigada, as normas procuram orientar os planejadores, estabelecendo os parâmetros mínimos de recursos humanos, de materiais e administrativos necessários. Ao planejar a composição da brigada de incêndio, o responsável deve, primeiro, conhecer todas as instalações da planta ou edificação, pois necessitará suprir as necessidades de cada pavimento, compartimento ou setor, observando as atividades em cada um deles, as instalações do local, as dimensões, a quantidade de pessoas fixas e o grau de risco de cada grupo ou divisão, seguindo a NBR 14276 (ABNT, 2006), Anexos A, C e D. Com essas informações, pode ser iniciada a composição da brigada de incêndio ou verificada sua situação atual em relação às normas.

# Para saber mais

Consulte os Anexos A (Composição da brigada de incêndio por pavimento ou compartimento), C (Cargas de incêndio específicas por ocupação) e D (Método para levantamento da carga de incêndio específica).

ABNT – Associação Brasileira de Normas Técnicas. **NBR 14276**: brigada de incêndio: requisitos. Rio de Janeiro, 2006.

Agora que já tratamos da composição da brigada de incêndio, vejamos quais são os critérios básicos para selecionar um brigadista.

A NBR 14276 (ABNT, 2006) define cinco requisitos básicos para que uma pessoa possa ser candidata a brigadista:

## Critérios para se candidatar a brigadista

1. permanecer na edificação diariamente pela maior quantidade de horas possível;
2. possuir boa condição física e boa saúde;
3. possuir bom conhecimento das instalações;
4. ter mais de 18 anos;
5. ser alfabetizado.

O primeiro critério diz respeito à permanência do brigadista durante sua jornada de trabalho – o brigadista não deve afastar-se por longos períodos do local, ainda que esteja no edifício por outro motivo, como no caso dos moradores de um edifício residencial. O brigadista deve ser treinado e certificado para cada caso. O regulamento indica que o gestor procure colocar como brigadistas do local pessoas que tenham posto fixo de trabalho e não necessitem circular muito ou afastar-se do prédio; no caso residencial, os colaboradores que trabalham no local podem compor a brigada, desde que permaneçam no local.

O segundo critério refere-se às condições físicas e à saúde dos brigadistas. Em situações de incêndio e socorro, é importante que estejam em plenas condições para tal função. Uma boa recomendação é que o gestor peça ao departamento médico da instituição que ateste a qualificação do funcionário para a atividade.

O terceiro critério diz respeito ao conhecimento das instalações do local e das particularidades que possam ser relevantes para a ação do brigadista. Um conhecimento da estrutura física do prédio e das adjacências, o que inclui, por exemplo, características como a localização das portas de saída, o lugar onde se encontram os extintores de incêndio, a rua para a qual a saída de emergência está direcionada, é decisivo e economiza tempo nas ações. Essas informações devem ser de conhecimento também do gestor, principalmente por ser ele o responsável pela coordenação nas vistorias locais e na implantação das medidas de segurança.

O quarto critério refere-se à idade mínima dos candidatos, pois essas pessoas terão de assumir riscos e tomar decisões para as quais os menores de 18 anos não têm livre arbítrio. É importante que o gestor tenha atenção nesses casos: mesmo percebendo que os menores de idade sejam muito prestativos e gostem de atividades nesta natureza, a lei deve ser observada, e resguardar esses indivíduos é de sua responsabilidade. A situação deve ficar clara para todos os envolvidos. Os adolescentes, muitas vezes, trazem em seu âmago o desejo de ajudar, mas poderão fazer o curso no futuro, quando adultos.

O quinto e último critério estabelece que os candidatos a brigadista precisam ser alfabetizados, pois deverão ser capazes de ler instruções, avisos e a sinalização de emergência e de prevenção, apesar de algumas sinalizações se utilizarem de figuras de conhecimento universal e serem autoexplicativas. O gestor deve, ainda, atentar para o idioma em que estão escritas as instruções em equipamentos, máquinas e acessórios, sendo que, em região de fronteira, podem existir equipamentos com instruções em outras línguas e, em qualquer região, pode haver equipamentos importados com instrução no idioma de origem do país de fabricação.

Com essas informações e seguindo os critérios de seleção, o gestor pode planejar a composição e organizar a formação da brigada de incêndio. Salientamos aqui que sempre devem ser respeitados os atributos de cada local ou setor e a carga horária mínima dos cursos para os brigadistas, conforme disposto na NBR 14276 (ABNT, 2006), em seus Anexos A e B.

## Para saber mais

Consulte os Anexos A (Composição da brigada de incêndio por pavimento ou compartimento) e B (Currículo mínimo do curso de formação de brigada de incêndio).

ABNT – Associação Brasileira de Normas Técnicas. **NBR 14276**: brigada de incêndio: requisitos. Rio de Janeiro, 2006.

Feita a seleção prévia dos candidatos a brigadista, em atendimento aos critérios designados anteriormente, eles devem frequentar o curso de formação com carga horária mínima e conteúdos definidos em conformidade com a NBR 14276 (ABNT, 2006). Assim como o curso de formação de bombeiro civil, esse curso é composto de uma parte teórica e outra prática, porém com carga horária menor, conforme veremos adiante neste capítulo.

Os candidatos devem passar por avaliações e alcançar aproveitamento mínimo de 70%, tanto na avaliação teórica como na prática. A teórica é realizada de forma escrita, podendo ser de múltipla escolha, e a prática segue a normativa descrita no Anexo B da NBR 14276. Os aprovados nas duas avaliações recebem o Certificado de Brigadista, expedido por instrutor habilitado em incêndio e em primeiros socorros. Tal certificado tem validade de 12 meses e deve conter as seguintes informações mínimas:

» nome completo e RG do brigadista;
» carga horária;
» período de treinamento;
» nome completo e formação do(s) instrutor(es) (de incêndio e primeiros socorros);
» informação de que o certificado está em conformidade com a norma.

Assim como o bombeiro civil, o brigadista de incêndio deve passar por curso de reciclagem, podendo ser dispensado de participar das aulas teóricas, desde que tenha sido aprovado em pré-avaliação, na qual deve obter, no mínimo, 70% de aproveitamento.

### 1.2.2 Formação básica do brigadista de incêndio

O objetivo da formação é disponibilizar aos candidatos os conhecimentos de que necessitarão para ações de: prevenção e combate ao princípio de incêndio; abandono de área; primeiros socorros, caso haja alguma vítima e até que o socorro especializado chegue ao local e assuma a situação. O conteúdo mínimo exigido para as instruções dos candidatos a brigadista pode variar dependendo, primeiramente, das características do local de atuação, como vimos anteriormente nos requisitos para criação da brigada.

# Para saber mais

Para acompanhar melhor a exposição do conteúdo a seguir, recomendamos que você consulte o Anexo B (Currículo mínimo do curso de formação de brigada de incêndio) da NBR 14276.

ABNT – Associação Brasileira de Normas Técnicas. **NBR 14276**: brigada de incêndio: requisitos. Rio de Janeiro, 2006.

Assim, conforme cada planta e as atividades desenvolvidas no local, as exigências variam quanto ao número de módulos mínimos de conteúdo: 20 módulos para a formação em nível de treinamento básico; 32 módulos para nível intermediário; e 33 módulos para nível avançado. Conforme aumenta o nível de treinamento, aumenta também a carga horária, como mostrado no Quadro 1.4.

*Quadro 1.4 – Níveis de treinamento da formação de brigadista*

| Nível de treinamento da brigada | Módulos | Total de horas |
| --- | --- | --- |
| Básico | 20 | 8 |
| Intermediário | 32 | 52 |
| Avançado | 33 | 63 |

Fonte: Adaptado de ABNT, 2006.

A carga horária desses níveis pode variar, dependendo da análise de cada local e das atividades da organização. Todavia, de uma forma didática, podemos defini-los como demonstrado no Quadro 1.4.

Então, até este ponto, utilizando a norma, o gestor já pode definir o nível de treinamento e selecionar os candidatos a brigada de incêndio. Contudo, é necessário considerar também a variação dos conteúdos conforme os níveis: básico, intermediário e avançado. O Quadro 1.5 indica o conteúdo programático para o nível básico:

*Quadro 1.5 – Conteúdo programático – formação de brigadista – nível básico*

| Conteúdo programático | Teoria | Prática |
|---|---|---|
| Combate a incêndio | 2 | 2 |
| Primeiros socorros | 2 | 2 |
| Subtotal | 4 | 4 |
| **Total de teoria e prática** | | **8** |

Fonte: Elaborado com base em ABNT, 2006.

A formação básica do brigadista, portanto, abrange dois grupos de conteúdos – combate a incêndio e primeiros socorros –, que contemplam os 20 módulos do currículo. É fundamental que os brigadistas sejam corretamente treinados conforme a área e o grau de risco a que estarão expostos e ajam de acordo com o plano de emergência contra incêndio.

Na sequência, comentaremos sucintamente o conteúdo programático referente a combate a incêndio previsto para o nível de treinamento básico, conforme a NBR 14276 (ABNT, 2006).

## Conteúdo programático de combate a incêndio – nível básico

- » Introdução
- » Aspectos legais
- » Teoria do fogo
- » Propagação do fogo
- » Classes de incêndio
- » Prevenção de incêndio
- » Métodos de extinção
- » Agentes extintores
- » Equipamentos de proteção individual (EPIs)

> » Equipamento de combate a incêndio 1
> » Equipamento de combate a incêndio 2
> » Equipamento de detecção, alarme e comunicações

Esses conteúdos são divididos em módulos, como mencionamos, que instruem os brigadistas quanto aos objetivos do curso e da brigada de incêndio, seus aspectos legais e suas responsabilidades. Podemos afirmar que os conteúdos têm enfoque em ações para intervir sobre o ambiente que está sofrendo o início de incêndio, com dois intuitos principais:

1. resgate e/ou socorro de pessoas;
2. redução e/ou eliminação do prejuízo ao patrimônio e ao meio ambiente.

Ao brigadista são apresentados os mecanismos físicos e químicos do fogo, seus aspectos e elementos fundamentais (teoria do fogo – combustão, elementos e reação em cadeia), suas formas de propagação (condução, convecção e irradiação) e como classificá-lo, além das formas de prevenção e das técnicas para examinar o ambiente e avaliar situações de riscos iminentes. Os brigadistas são preparados para agir em casos de princípio de incêndio, recebendo instruções sobre os métodos cabíveis de extinção do fogo (isolamento, abafamento, resfriamento e extinção química), os EPI necessários e como usá-los, bem como os tipos de equipamentos utilizados no combate a incêndio.

É bom lembrar que, em se tratando desses equipamentos, mesmo quando conhecidos, podem passar despercebidos por muitas pessoas. Nas organizações, o papel da direção e do coordenador da brigada é empenhar-se em obter um cenário interno em que todas as pessoas saibam da existência desses equipamentos e onde estão localizados.

Na sequência, trataremos do conteúdo programático relativo aos primeiros socorros previsto para o nível de treinamento básico, conforme a NBR 14276 (ABNT, 2006).

## Conteúdo programático de primeiros socorros – nível básico

- » Abandono de área
- » Pessoas com mobilidade reduzida
- » Avaliação inicial
- » Vias aéreas
- » Hemorragias
- » Ressuscitação cardiopulmonar (RCP)
- » Movimentação, remoção e transporte de vítimas (só retirada rápida)
- » Riscos específicos da planta

O foco desse conteúdo são a vida e as pessoas, pois diz respeito ao atendimento às vítimas, àqueles com alguma limitação de mobilidade, aos critérios para avaliar o cenário e ter subsídio para tomar a melhor atitude e à necessidade de realizar o abandono da área com segurança. O brigadista com esses conhecimentos, deve, então, ao chegar ao local, identificar a vítima ou as vítimas (bebê, adulto) e se existe algum risco iminente no ambiente, como vazamento de gás ou algum objeto que possa colocar sua vida ou a dos envolvidos em risco. Deve então fazer a abordagem primária para verificar o estado da vítima e identificar o ocorrido. Cabe ao brigadista identificar e controlar as seguintes situações:

- » obstrução das vias aéreas;
- » hemorragia;
- » desmaios e crise convulsiva;
- » queimaduras;

» parada cardiorrespiratória;
» contaminação da vítima. (Brasil, 2014b)

Caso o brigadista de início verifique que se trata de um caso grave, deve chamar imediatamente apoio de emergência especializado; na dúvida, é sempre melhor comunicar.

Esses são os conteúdos do treinamento de nível básico para se preparar minimamente uma brigada para atuar em áreas onde o risco é baixo. Vejamos, na sequência, o treinamento para locais que necessitam de um brigadista com nível de treinamento intermediário.

Quadro 1.6 – Conteúdo programático – formação de brigadista – nível intermediário

| Conteúdo programático | Teoria | Prática |
|---|---|---|
| Combate a incêndio | 4 | 4 |
| Primeiros socorros | 8 | 4 |
| Parte complementar (se aplicável à planta) | 14 | 18 |
| Subtotal | 26 | 26 |
| **Total de teoria e prática** | **52** | |

Fonte: Elaborado com base em ABNT, 2006.

O Quadro 1.6 corresponde ao nível intermediário, que engloba toda a parte do treinamento básico, porém com maior carga horária, somada à parte restante dos módulos não contemplados no treinamento de nível básico (exceto em relação ao conteúdo de ferramentas de salvamento).

Apresentamos a seguir os conteúdos extras previstos para o nível de treinamento intermediário, conforme a NBR 14276 (ABNT, 2006):

## Conteúdos extras – nível intermediário

» Desfibrilação semiautomática externa (AED/DEA)
» Estado de choque
» Fraturas
» Ferimentos
» Queimaduras
» Emergências clínicas
» Psicologia em emergência
» Sistema de controle de incidentes (se aplicável à edificação)
» Proteção respiratória (se aplicável à edificação)
» Resgate de vítimas em espaços confinados (se aplicável à edificação)
» Resgate de vítimas em altura (se aplicável à edificação)
» Emergências químicas e tecnológicas (se aplicável à edificação)

Podemos perceber que esses conhecimentos são mais específicos e para locais com estrutura física diferenciada, como locais com mais pavimentos e locais subterrâneos, e preparam o brigadista para agir em locais de difícil acesso. Podem ocorrer casos em que nem todo conteúdo precisará ser ministrado, sendo necessário analisar caso a caso, de acordo com a edificação.

Por fim, vejamos o conteúdo programático para locais que necessitam de brigadista com nível de treinamento avançado.

*Quadro 1.7 – Conteúdo programático – formação de brigadista – nível avançado*

| Conteúdo programático | Teoria | Prática |
|---|---|---|
| Combate a incêndio | 4 | 8 |
| Primeiros socorros | 10 | 8 |

*(continua)*

*(Quadro 1.7 – conclusão)*

| Conteúdo programático | Teoria | Prática |
|---|---|---|
| Parte complementar (proteção respiratória) | 2 | 2 |
| Parte complementar | 13 | 16 |
| Subtotal | 29 | 34 |
| **Total de teoria e prática** | **63** | |

Fonte: Elaborado com base em ABNT, 2006.

No treinamento de nível avançado, portanto, é acrescido um módulo, o de ferramentas de salvamento, que ensina sobre equipamentos de corte, arrombamento, remoção e iluminação. Como no caso do treinamento de nível intermediário, todo o conteúdo prático tem carga horária maior. Salientamos, ainda, que a possibilidade de mais horas de treinamento não pode ser descartada.

O curso proporciona ao brigadista uma certificação válida por 12 meses, sendo necessário um curso de reciclagem para sua validação por mais um período de 12 meses, com carga horária reduzida. O brigadista pode ser dispensado da parte teórica do curso de reciclagem, desde que realize uma pré-avaliação por escrito conforme dispõe a NBR 14276 em seu Anexo B e alcance, no mínimo, 70% de aproveitamento. Lembramos que o certificado de brigadista deve ser emitido por profissionais habilitados.

## 1.2.3 Atividades básicas do brigadista de incêndio

A NBR 14276 (ABNT, 2006) lista as atribuições da brigada de incêndio, dividindo-as em duas categorias: a) ações de prevenção; b) ações de emergência. Vejamos mais detalhadamente o que abrange cada uma a seguir.

## Atribuições da brigada de incêndio

**a) Ações de prevenção:**
» conhecer o plano de emergência contra incêndio da planta;
» avaliar os riscos existentes;
» inspecionar os equipamentos de combate a incêndio, primeiros socorros e outros existentes na edificação e na planta;
» inspecionar as rotas de fuga;
» elaborar relatório das irregularidades encontradas;
» encaminhar o relatório aos setores competentes;
» orientar a população fixa e flutuante, conforme Seção 6 da NBR 14276 (recomendações gerais para a população da planta);
» participar de exercícios de simulação.

**b) Ações de emergência:**
» aplicar os procedimentos básicos estabelecidos no plano de emergência contra incêndio da planta até o esgotamento dos recursos destinados aos brigadistas.

As **ações de prevenção** são aquelas que reduzem os riscos e preparam o brigadista para agir. É necessário que os brigadistas trabalhem ativamente na prevenção de incêndio, mediante a realização de vistorias e inspeções dos equipamentos em relação à validade, à identificação e à sinalização, devendo verificar, ainda, se estão no local indicado e se há a presença de objetos que possam obstruir o acesso a tais equipamentos.

*Figura 1.31 – Obstrução de acesso ao extintor*

Célia Suzuki

O mesmo vale para as rotas de fuga, pois é comum pessoas deixarem materiais no caminho que são verdadeiros obstáculos. Essas vistorias são essenciais na prevenção e precisam ser realizadas no cotidiano, visto que assim são mais eficientes do que se realizadas somente em ocasiões específicas, pois os acidentes não escolhem data e horário para acontecer. São tarefas básicas também a orientação das pessoas e a participação nos exercícios de simulação de abandono.

As **ações de emergência** também são atribuições do brigadista; portanto, caso ocorra alguma situação em que precise combater o início de incêndio, ele deve estar ciente e treinado e seguir os procedimentos estabelecidos no plano de emergência contra incêndio, agindo com segurança e preservando, assim, a própria integridade física e a das pessoas que o rodeiam. Uma intervenção equivocada pode aumentar os efeitos do incidente. O brigadista deve agir até o limite do esgotamento de seus recursos.

O gestor deve realizar reuniões ordinárias e extraordinárias com os brigadistas, mantendo seu registro em ata. A composição da equipe de brigadistas deve ser informada em documento fixado em locais visíveis, de grande circulação, e os brigadistas devem ser identificados de forma permanente, utilizando *botton*, crachá, inscrição no uniforme, entre outras formas cabíveis. Em casos de situação real, simulação de abandono ou atividades de aglomeração de pessoas, o brigadista deve usar outra forma de identificação, como colete, braçadeira, boné, capacete, facilitando, assim, sua visualização e servindo de apoio nas ações da brigada. O gestor também precisa estabelecer a forma mais eficaz de comunicação entre os brigadistas no interior de cada local da edificação, podendo utilizar-se de telefones, interfones, sistema de alarme, rádios ou outro sistema sonoro e luminoso que consiga alcançá-los.

## Para saber mais

Assista ao filme *Brigada 49*, que mostra a rotina de uma equipe de atendimento a emergências e combate a incêndio.

BRIGADA 49. Direção: Jay Russell. EUA: Touchstone Pictures, 2004. 115 min.

# Síntese

Neste capítulo, examinamos, os requisitos básicos para a contratação de um bombeiro civil e a formação básica estipulada pela NBR 14608, que é a norma nacional. Além disso, vimos os conceitos dos fenômenos específicos de um incêndio (*flashover*, *backdraft*, *bleeve*, *boil over*), os equipamentos de combate a incêndio e equipamentos de proteção individual (EPIs) de uso obrigatório. Assim, somando-se esses conhecimentos, temos a base para prover a estrutura necessária para contratar e manter esse profissional e para que ele realize suas atividades e garanta a segurança nas questões relacionadas à sua atuação.

Tratamos também da brigada de incêndio, que atua no princípio de incêndio e no atendimento básico de socorro em emergências. Apresentamos exemplos de diferentes composições de brigada de incêndio, bem como os requisitos básicos para sua formação, em conformidade com a NBR 14276. Esse grupo se constitui, em sua maioria, em uma organização interna voluntária de pessoas, mas que também pode ser formada por indicação. A formação do brigadista é similar à do bombeiro civil, mas há uma grande diferença quanto à carga horária de treinamento; além disso, a competência da brigada que atua nas empresas é limitada quando comparada à dos bombeiros.

# Questões para revisão

1) O bombeiro é uma pessoa:
   a. treinada e capacitada, atuante no combate à vida.
   b. treinada e capacitada, atuante no combate a emergências.
   c. capacitada e treinada, atuante na proteção à vida.
   d. capacitada e treinada, atuante na proteção somente do patrimônio.

2) Os bombeiros profissionais civis são:
   a. voluntários pertencentes a uma corporação governamental militar.
   b. concursados pertencentes a uma organização não governamental.
   c. profissionais que atuam em empresas, instituições e eventos diversos, de forma remunerada.
   d. voluntários que atuam em empresas, instituições e eventos diversos.

3) Não faz parte do conteúdo programático da formação do bombeiro civil:
   a. salvamento em água profundas.
   b. salvamento terrestre.
   c. prevenção e combate a incêndio.
   d. uso e funcionamento de equipamentos de combate a incêndio e auxiliares.

4) Não é um tipo de extintor de incêndio:
   a. Tipo A – carga de água pressurizada.
   b. Tipo B – carga de pó químico.
   c. Tipo L – carga de líquido congelante.
   d. Tipo C – carga de fosfato monoamônico.

5) É correto afirmar que *sprinklers* são:
   a. equipamentos de corte e alta precisão.
   b. equipamentos automáticos de combate a incêndio.
   c. equipamentos de proteção individual.
   d. equipamentos de proteção coletiva.

6) Podemos afirmar que os brigadistas de incêndio:
   a. não auxiliam no abandono do local e no combate ao princípio de incêndio.
   b. auxiliam no abandono do local e no combate ao princípio de descarga elétrica atmosférica.
   c. são treinados para fazer uso de armamento não letal.
   d. são treinados para fazer uso dos procedimentos de primeiros socorros.

7) É correto afirmar que, segundo a nota 5 da NBR 14276, deve haver:
   a. 1 brigadista a mais a cada 30 pessoas para local de grau de risco baixo.
   b. 1 brigadista a mais a cada 25 pessoas para local de grau de risco médio.
   c. 1 brigadista a mais a cada 20 pessoas para local de grau de risco alto.
   d. 1 brigadista a mais a cada 10 pessoas para local de grau de risco alto.

8) Consiste em critério para se candidatar a brigadista:
   a. ser alfabetizado.
   b. possuir boa condição física e financeira.
   c. permanecer na edificação durante o menor tempo.
   d. possuir bom conhecimento de informática.

9) Como podemos definir os bombeiros? Como podemos definir os brigadistas de incêndio? Quais são as principais diferenças entre eles?

10) Um extintor de incêndio pode ser utilizado para qualquer situação de incêndio ou princípio de incêndio?

## Questões para reflexão

1) Você sabe quantos brigadistas ou bombeiros podem ser necessários em um edifício ou na empresa em que você trabalha?
2) Você acha que os critérios para constituir uma brigada de incêndio são facilmente atingidos?

# II

# Defesa Civil, plano de contingência e plano de emergência contra incêndio

## Conteúdos do capítulo:

» A Defesa Civil e seu surgimento no Brasil.
» O Sistema Nacional de Proteção e Defesa Civil (Sinpdec) e sua estrutura nos estados e nos municípios.
» Conceitos básicos de um plano de contingência.
» O plano de emergência contra incêndio, sua elaboração, manutenção e revisão.

## Após o estudo deste capítulo, você será capaz de:

1. entender em que consiste a Defesa Civil e seu surgimento no Brasil;
2. identificar a estrutura nacional de Defesa Civil;
3. compreender o plano de contingência;
4. construir um plano básico de emergência contra incêndio.

A Defesa Civil é definida no Decreto n. 7.257, de 4 de agosto de 2010 (Brasil, 2010a), como um "conjunto de ações preventivas, de socorro, assistenciais e recuperativas destinadas a evitar desastres e minimizar seus impactos para a população e restabelecer a normalidade social".

O plano de contingência ou emergência constitui uma normativa obrigatória que garante o mínimo para a atuação organizada e com segurança em cada edificação, visando à proteção tanto da vida como do patrimônio e do meio ambiente.

## 2.1 Defesa Civil

A Defesa Civil tem como finalidade a segurança global da população, agindo preventivamente ou respondendo a situações de desastres naturais, antropogênicos ou mistos, isto é, fenômenos naturais, de ação humana ou a soma dos dois. Em sua atuação, define medidas para reduzir os desastres com ações de prevenção e resposta, preparando a sociedade para casos de emergência e desastres com o intuito de aumentar sua resiliência às adversidades e auxiliando na reconstrução no caso de alguma ocorrência, como destelhamento causado por chuvas e ventos, ou em alguma situação de maior intensidade, como uma enchente ou inundação.

Historicamente, houve vários decretos federais que podemos considerar como as raízes da Defesa Civil no Brasil (4.098/1942, 4.624/1942, 4.800/1942, 12.628/1943, 5.861/1943, 9.370/1946, 200/1967), anteriores ao Decreto Federal n. 64.568, de 22 de maio de 1969, do então Presidente da República Arthur da Costa e Silva, um avanço na organização em ações de Defesa Civil. Esse decreto determinou a criação de um grupo de trabalho para elaboração de um plano de defesa permanente contra calamidades públicas e deu especial atenção às ocorrências de seca e inundações, atribuindo ao Ministério do Interior a competência de intervir a favor das populações atingidas por essas calamidades (Rio de Janeiro, 1999).

O antigo Estado da Guanabara (atual Estado do Rio de Janeiro), partindo de várias atualizações da legislação sobre o assunto, chegou, por meio do Decreto Estadual n. 13.002, de 28 de setembro de 1967, à estruturação da Comissão Permanente de Defesa Civil (CPDC), ligada diretamente ao governador do estado, seu presidente. Esse decreto é importante, pois define a estrutura original da Defesa Civil, deixando-a muito próxima à atual. Nesse dispositivo, atribuem-se à CPDC as funções de (Rio de Janeiro, 1999):

a. pesquisar as causas de ocorrências – tanto atmosféricas e geológicas quanto sanitárias ou, ainda, de qualquer outra natureza – que venham a acometer a população daquele estado;

b. agir para o enfrentamento e prevenção com obras de engenharia que possam evitar ou atenuar e, se possível, eliminar os efeitos das ocorrências dessa natureza, podendo, ainda, orientar a execução das obras necessárias;

c. realizar o treinamento da população para que esteja apta ao enfrentamento das situações de calamidade pública;

d. propor normas, regulamentos e posturas necessárias para interdição de áreas consideradas perigosas;

e. criar os Núcleos Municipais de Defesa Civil;

f. elaborar normas para construção nas encostas, edificações nas calhas dos cursos de água e proteção de taludes, antevendo que se façam a divulgação e a aplicação de penalidades;

g. fazer a supervisão das áreas ameaçadas ou atingidas pelos eventos adversos e coordenar os órgãos e recursos, públicos e comunitários, destinados a esse fim;

h. definir responsabilidades;

i. aplicar os recursos específicos a esse fim;

j. elaborar planos de ação, no tocante a pessoal e material, para os casos de emergência.

O decreto ainda dispõe sobre os representantes que devem integrar a Comissão, indicados no Quadro 2.1.

Quadro 2.1 – Representantes na CPDC – Rio de Janeiro (RJ)

| N. | Secretaria | Cargo |
|---|---|---|
| 2 | Segurança | 01 – Policial Militar<br>01 – Chefe de Gabinete |
| 2 | Comunicações Transporte | 01 – Chefe de Gabinete<br>01 – Funcionário Dep. Estradas e Rodagem |
| 3 | De Obras | 01 – Chefe de Gabinete<br>01 – Funcionário da Superintendência Central de Engenharia Sanitária<br>01 – Funcionário do Departamento de Engenharia |
| 12 | Administração Geral<br>Agricultura<br>Educação e Cultura<br>Energia Elétrica<br>Finanças<br>Saúde, Assistência, Trabalho e Serviço Social | 02 – Chefe do Gabinete e representante de cada Secretaria |
| 19 | Total dos membros, conforme Decreto n. 13.002/1967 | |

Fonte: Elaborado com base em Rio de Janeiro, 1999.

O Decreto n. 13.002/199 também estabelece que podem compor a comissão os representantes das Forças Armadas e entidades públicas e privadas em assuntos que a CPDC considere pertinentes a tais instituições. O texto do decreto sofreu algumas atualizações nos anos 1970 e início dos anos 1980, até a promulgação da Constituição

Federal de 1988, que se tornou o grande marco da modernidade e efetividade da Defesa Civil e da Proteção Comunitária no Brasil. Assim, concluímos que esse decreto pode ser considerado uma das fontes da atual legislação sobre o assunto.

A Constituição Federal de 1988 (Brasil, 1998) trouxe para o âmbito federal as atividades de defesa civil em seu art. 21, cujo inciso XVIII dispõe que ao governo federal compete "planejar e promover a defesa permanente contra as calamidades públicas", com especial atenção aos eventos de secas e inundações. A Constituição Federal ainda define a forma como o presidente da República pode decretar estado de defesa em razão de ocorrência de calamidades naturais de grandes proporções.

O Decreto Federal n. 7.257, de 4 de agosto de 2010 (Brasil, 2010a), define *estado de calamidade pública* como "situação anormal, provocada por desastres, causando danos e prejuízos que impliquem o comprometimento substancial da capacidade de resposta do poder público". Com relação ao conceito de *situação de emergência*, o mesmo decreto informa que se trata de "situação anormal, provocada por desastres, causando danos e prejuízos que impliquem o comprometimento **parcial** da capacidade de resposta do poder público" (Brasil, 2010a, grifo nosso).

Além de definir essas situações, o referido decreto dispõe sobre a organização e a estrutura do Sistema Nacional de Defesa Civil (Sindec), bem como fixa seus objetivos. Destaquemos que, por meio da Lei n. 12.608, de 10 de abril de 2012 (Brasil, 2012a), o Sindec passou a denominar-se *Sistema Nacional de Proteção e Defesa Civil (Sinpdec)*. Essa lei também institui a Política Nacional de Proteção e Defesa Civil (PNPDEC), dispõe sobre o Conselho Nacional de Proteção e Defesa Civil (Conpdec) e autoriza a criação de sistema de informações e monitoramento de desastres, entre outras providências.

# Para saber mais

A Lei n. 12.608/2012 ainda determina, nos parágrafos 4º e 5º do art. 28, a inclusão do o treinamento para atuação em áreas atingidas por desastres entre as atividades do Serviço Alternativo ao Serviço Militar Obrigatório. Leia esse curto artigo da lei.

BRASIL. Lei n. 12.608, de 10 de abril de 2012. **Diário Oficial da União**, Poder Executivo, Brasília, DF, 11 abr. 2012. Disponível em: <http://www.planalto.gov.br/ccivil_03/_Ato2011-2014/2012/Lei/L12608.htm>. Acesso em: 11 dez. 2016.

## 2.1.1 Sistema Nacional de Proteção e Defesa Civil (Sinpdec)

O Sinpdec, segundo a Lei 12.608/2012, é vinculado ao Ministério da Integração Nacional e "tem por finalidade contribuir no processo de planejamento, articulação, coordenação e execução dos programas, projetos e ações de proteção e defesa civil" (Brasil, 2012a). Essa lei complementa o texto do Decreto n. 7.257/2010, que destaca as ações de prevenção de desastres naturais, antropogênicos e mistos de maior prevalência no Brasil. O órgão deve, ainda, realizar estudos e avaliações para reduzir os riscos de desastres e atuar na iminência e em circunstâncias de desastres, além de realizar ações preventivas ou que minimizem possíveis danos e prestar socorro e assistência à comunidade afetada, restabelecendo a normalidade no local atingido. Esse sistema, coordenado pela União (conforme o art. 6º da Lei 12.608/2012), é a plataforma comum que deve alcançar os três entes da Federação: órgãos federais, estaduais e municipais, que devem agir em conjunto no desenvolvimento de uma cultura de prevenção de desastres que ocorrem ou podem ocorrer em solo brasileiro, auxiliando, se necessário, na reorganização do setor produtivo e da economia local. O Decreto n. 7257/2010 também determina que entidades da sociedade civil podem aderir ao sistema, em conformidade com normativa do Ministério da Integração Nacional. O art. 4º do Decreto n. 895, de 16 de agosto de 1993 (Brasil, 1993), estabeleceu uma hierarquia entre os órgãos que compõem a Sinpdec (Quadro 2.2), de modo a facilitar o controle das ações.

*Quadro 2.2 – Organização do Sinpdec*

| Órgão | Nome |
|---|---|
| Superior | Conselho Nacional de Proteção e Defesa Civil (Conpdec). |
| Central | Secretaria Nacional Especial de Proteção e Defesa Civil, ligada ao Ministério do Interior (Sedec). |
| Regional | Coordenadorias Regionais de Proteção e Defesa Civil (Corpdec). Superintendências de Desenvolvimento Regional e da Secretaria Especial da Região Sudeste (Serse). |
| Setorial | Órgãos e entidades de Defesa Civil do Distrito Federal, dos estados e dos municípios (conveniados como Sedec). |
| Seccional | Aqueles envolvidos nas ações de Defesa Civil: Secretaria de Planejamento e Coordenação da Presidência da República; Ministérios da Justiça, Marinha, Exército, Aeronáutica, Relações Exteriores, Fazenda, Transportes, Agricultura, Educação, Saúde, Minas e Energias, Comunicação, Previdência e Assistência Social, Habitação e Bem-Estar Social, Ciência e Tecnologia; Programa Nacional de Irrigação; Comissão Nacional de Energia Nuclear; Departamento Nacional de Obras de Saneamento. |
| De Apoio | Aqueles que vierem a auxiliar os demais membros do Sinpdec (entidades e órgãos públicos ou privados). |

Fonte: Elaborado com base em Brasil, 1993.

O Quadro 2.2 resume a ideia que ainda é utilizada nas ações e na organização do sistema. Já segundo a Lei 12.608/2012, o Sinpdec deve ser gerido pelos seguintes órgãos:

» Conpdec (órgão consultivo);
» órgão central (coordena o sistema);
» órgãos regionais, estaduais e municipais de proteção e defesa civil;
» órgãos setoriais dos três âmbitos do governo.

Ainda de acordo com a Lei n. 12.608/2012, cabe à União a promoção de estudos acerca das causas e possibilidades de ocorrência de desastres, segundo as diferentes origens, incidências, extensões e consequências. Ela também deve apoiar os estados, o Distrito Federal e os municípios no mapeamento das áreas de risco, bem como instituir e manter um sistema de informações e monitoramento de desastres. Outra atribuição da União é instituir o Plano Nacional de Proteção e Defesa Civil, entre outras providências.

Aos estados compete executar a PNPDEC em seu território, coordenar as ações do Sinpdec, instituir o Plano Estadual de Proteção e Defesa Civil, realizar o monitoramento das áreas identificadas e mapeadas como de risco, buscando identificar as ameaças meteorológicas, hidrológicas e geológicas dos locais e as suscetibilidades e vulnerabilidades das comunidades e do meio ambiente, assim como declarar o estado de calamidade pública ou situação de emergência, se for o caso.

Aos municípios cabe executar as ações do Sinpdec em seus limites territoriais, incorporar as ações de proteção e defesa civil no planejamento municipal, realizar a identificação e o mapeamento das áreas de risco de desastres, fiscalizando-as e evitando a expansão da ocupação nessas áreas. De forma geral, os municípios estabelecem o primeiro contato com a área e devem realizar vistoria nas possíveis edificações que se encontrem nessas localidades. Em caso de desastre, os municípios também podem declarar situação de emergência e/ou estado de calamidade pública. Devem organizar e administrar abrigos provisórios munidos de higiene e segurança suficientes para os atingidos, promover a coleta, a distribuição e o controle de recursos para sua assistência, avaliar danos e prejuízos ocorridos na área sucumbida e manter o estado e a União abastecidos com informações sobre desastres e as atividades de proteção e defesa civil no município.

Além disso, com vistas à expansão do alcance das ações de proteção e defesa civil, os municípios devem estimular o ingresso de entidades privadas, associações de voluntários, clubes de serviços, organizações não governamentais (ONGs) e associações de classe e comunitárias no Sinpdec. Para tanto, devem oferecer treinamentos com o objetivo de preparar a população para agir em conjunto no caso de eventos adversos.

Como já mencionamos, o Sinpdec é constituído de diferentes órgãos e entidades da administração pública em todas as esferas. O primeiro deles, que articula ações no âmbito nacional, é o Conselho Nacional de Proteção e Defesa Civil (Conpdec), um órgão colegiado com o papel de auxiliar na formação e na implementação de normas e procedimentos e na execução da PNPDEC. O órgão é coordenado pelo Ministério da Integração Nacional e composto pela Casa Civil, pelo Gabinete de Segurança Institucional e pela Secretaria de Relações Institucionais da Presidência da República, além de vários ministérios (Defesa, Cidades, Saúde, entre outros). Também compõem o Conpdec dois representantes dos estados/Distrito Federal ligados à Defesa Civil, três dos municípios, três da sociedade civil e dois das comunidades atingidas por desastres. Trata-se, portanto, de um grupo bem abrangente. A ele compete estabelecer a política e as diretrizes de ações governamentais voltadas à defesa civil e decidir sobre os critérios para o reconhecimento de estado de calamidade pública ou de situação de emergência, examinando e deliberando sobre os relatórios e os pedidos de auxílio vindos de todo o país, base para que o presidente da República decida decretar ou não o estado de calamidade pública ou a situação de emergência aos locais que solicitarem.

## Para saber mais

Acesse o *site* indicado a seguir e conheça mais sobre os órgãos colegiados que integram o Ministério da Integração Nacional.

BRASIL. Ministério da Integração Nacional. **Orgãos colegiados**. Disponível em: <www.mi.gov.br/orgaos-colegiados>. Acesso em: 7 fev. 2017.

O Conpdec ainda tem por competência deliberar sobre o Plano Nacional de Proteção e Defesa Civil, assim como sobre os planos e programas globais e setoriais preparados pela Sedec. Deve, ainda, definir as normas e procedimentos para alinhar as ações federais com as dos estados, dos municípios e do Distrito Federal e coordenar ações de proteção e defesa civil, procedendo da mesma maneira com as entidades privadas.

É também da competência do Conpdec propor a destinação de recursos orçamentários para viabilizar os programas de defesa civil, sejam eles oriundos de fontes internas ou externas. São previstas ações globais de redução dos desastres em quatro etapas: prevenção/mitigação, preparação, resposta e reconstrução.

1. Na etapa de **prevenção/mitigação**, há intervenção antecipada, com o intuito de evitar desastres ou realizar ações para limitar seus efeitos.
2. A etapa de **preparação** consiste em ações para organizar e preparar a população local para agir em casos de desastres.

3. A etapa de **resposta** se inicia no momento em que ocorre o desastre, com ações de socorro e ajuda às pessoas atingidas pelo evento adverso, buscando-se reduzir os estragos e os prejuízos e agir em conjunto com órgãos públicos e instituições privadas para restabelecer as condições mínimas da comunidade afetada, como abrigo, comunicação, energia elétrica, alimentos e água potável.
4. A etapa de **reconstrução** ocorre depois de o evento adverso terminar, com o intuito de restabelecer a normalidade da comunidade afetada, juntamente com ações que evitem novos desastres ou diminuam seus efeitos.

Historicamente, o segundo na linha da estrutura do Sinpdec é a **Secretaria Nacional de Proteção e Defesa Civil (Sedec)**, órgão central criado pelo Decreto n. 83.839, de 13 de agosto de 1979, vinculado ao Ministério do Interior e diretamente subordinado ao ministro dessa pasta.

Conforme art. 13 do Decreto n. 8.980, de 1º de fevereiro de 2017 (Brasil, 2017):

> À Secretaria Nacional de Proteção e Defesa Civil compete:
> I – formular, orientar e conduzir a Política Nacional de Proteção e Defesa Civil – PNPDEC;
> II – coordenar o Sistema Nacional de Proteção e Defesa Civil – SINPDEC, em articulação com os Estados, o Distrito Federal e os Municípios;
> III – participar da formulação da PNDR;
> IV – promover o planejamento das ações de proteção e defesa civil e sua aplicação por meio de planos diretores, preventivos, de contingência, de operação e plurianuais;
> V – estabelecer estratégias e diretrizes para orientar as ações de prevenção e redução de desastres;

> VI – promover a capacitação e o treinamento de recursos humanos para ações de prevenção e redução de desastres;
> VII – coordenar e promover, em articulação com os Estados, o Distrito Federal e os Municípios, a realização de ações conjuntas dos órgãos integrantes do SINPDEC;
> VIII – promover e orientar, em articulação com os Estados, o Distrito Federal e os Municípios, a organização e a implementação de órgãos de proteção e defesa civil;
> IX – instruir processos para o reconhecimento, pelo Ministro de Estado, de situação de emergência e de estado de calamidade pública;
> X – operacionalizar o Cenad;
> XI – manter equipe técnica multidisciplinar, mobilizável a qualquer tempo, para atuar nas ações de proteção e defesa civil;
> XII – promover o intercâmbio técnico entre organismos governamentais internacionais de proteção e defesa civil e participar como membro representante da Proteção e Defesa Civil brasileira;
> XIII – exercer as atividades de Secretaria-Executiva do Conselho Nacional de Proteção e Defesa Civil – CONPDEC;
> XIV – presidir o Conselho Diretor do Fundo Nacional para Calamidades Públicas, Proteção e Defesa Civil – Funcap; e
> XV – coordenar os projetos de cooperação técnica celebrados com organismos internacionais em sua área de atuação.

Outro órgão que integra o Sinpdec são as **Coordenadorias Regionais de Proteção e Defesa Civil (Corpdec)**. A nomenclatura desse órgão pode sofrer algumas alterações dependendo do estado, podendo ser chamado de *secretaria, superintendência, departamento, gerência, subsecretaria*; porém, suas ações básicas são mantidas conforme sua competência. Assim, basicamente, tem como atribuição a elaboração dos planos e programas regionais de Defesa Civil que melhor atendam à demanda das comunidades de suas regiões. Cabe ainda aos órgãos estaduais coordenar, supervisionar e avaliar as ações dos órgãos de Defesa Civil do Distrito Federal, dos estados, dos municípios e de entidades públicas e privadas que estejam ligadas ao Sinpdec. Em suas regiões, coordenam as atividades de capacitação e preparo de pessoal envolvido em ações de defesa civil, emitindo relatórios sobre as atividades desenvolvidas e encaminhando-os à Sedec.

Há ainda, os **órgãos setoriais**, que são órgãos da Administração Pública federal, estadual, municipal e do Distrito Federal que exercem o papel de articulador junto aos órgãos de coordenação, com o objetivo de garantir ações conjuntas e seguir as diretrizes do sistema.

Os órgãos seccionais estão envolvidos nas ações de defesa civil, cabendo-lhes tomar providências no limite de suas atuações. Em sua maioria, são formados por ministérios, com as seguintes atribuições (Rio de Janeiro, 1999):

» O Ministério da Justiça adota medidas de policiamento e manutenção da ordem nas áreas atingidas por eventos adversos.

» Os Ministérios da Marinha, de Exército e da Aeronáutica apoiam as atividades de socorro, buscas e salvamentos com pessoal e material, transporte marítimo e aéreo de suplementos.

» O Ministério das Relações Exteriores faz articulação no relacionamento com outros países e organismos internacionais, buscando sua cooperação, seja com doações, seja com treinamentos em atividades de defesa civil.

» Ao Ministério da Fazenda cabe viabilizar as medidas de origem financeira, fiscal e de crédito voltadas a atender a população das áreas atingidas, assim como as destinadas à reconstrução dos danos causados.

» O Ministério dos Transportes age na preservação e recuperação da malha viária, dos sistemas fluvial e marítimo.

» O Ministério da Agricultura providencia o financiamento e a distribuição de sementes, insumos e alimentos às populações afetadas, além de fornecer dados e análises meteorológicos para a melhor intervenção nos locais atingidos.

» O Ministério da Educação também oferece apoio em caso de incidentes, por meio das universidades federais, fornecendo estudos relativos a fenômenos sismológicos.

» Ao Ministério da Saúde cabem a prevenção e o combate de surtos epidêmicos e endêmicos nos locais atingidos, além da distribuição de medicamentos à população.

» O Ministério das Minas e Energia toma medidas informativas sobre possíveis bacias hidrográficas de combustíveis nos locais da ocorrência, além de controlar as fontes geradoras de energia, promovendo a distribuição de combustíveis nos locais afetados.

» O Ministério das Comunicações adota procedimentos que priorizem o restabelecimento dos serviços de telecomunicação nas áreas acometidas pela calamidade pública ou situação de emergência.

» O Ministério da Previdência auxilia com serviços médico-hospitalares e farmacêuticos.

» O Ministério da Habitação e do Bem-Estar Social abre linhas de crédito especiais para a recuperação das moradias e dos bens atingidos.

» Ao Ministério da Ciência e Tecnologia cabe realizar estudos e pesquisas relativos a meteorologia, hidrologia e climatologia para que sejam demarcadas as áreas de risco e prover de informações os trabalhos de defesa civil.

» A incumbência da Secretaria de Planejamento e Coordenação da Presidência é priorizar a alocação de recursos para assistência às populações e executar obras e serviços para prevenção e recuperação nas localidades acometidas pelo evento adverso.

» O apoio às regiões atingidas pela seca vem do Programa Nacional de Irrigação, que também viabiliza o fortalecimento da infraestrutura hídrica de regiões atingidas por calamidade pública ou situação de emergência.

» A Comissão Nacional de Energia Nuclear também está envolvida com o Sinpdec, pois fornece informações sobre as atividades do Programa Nuclear Brasileiro e a respeito do controle de produtos radioativos no território nacional, principalmente em equipamentos hospitalares ou outros equipamentos que utilizem tais materiais.

» Por fim, o Departamento Nacional de Obras e Saneamento realiza obras e saneamento voltados ao combate às calamidades públicas ou situações de emergência.

Para que possamos acompanhar as mudanças na legislação e a evolução da Defesa Civil no Brasil, salientamos que essa era a estrutura inicial. Entretanto, o Decreto Federal n. 895/1993 atualizou os anteriores, mantendo alguns aspectos, porém realizando algumas alterações, como a definição do Ministério da Integração Regional como órgão central no lugar do Ministério do Interior. O decreto inclui no Sinpdec os órgãos de Defesa Civil estaduais e do Distrito Federal (Coordenadoria Estadual de Proteção e Defesa Civil – Cepdec) e as Coordenadorias Municipais de Proteção e Defesa Civil (Compdecs). Atualiza, também, as ações dos órgãos setoriais, retirando do texto os Ministérios da Previdência e Assistência Social e da Habitação, o Programa Nacional de Irrigação, a Comissão Nacional de Energia Nuclear e o Departamento Nacional de Obras de Saneamento e acrescentando na estrutura o Ministério do Meio Ambiente, o Estado-Maior das Forças Armadas e a Secretaria de Assuntos Estratégicos da Presidência da República. Com relação aos atributos, também houve modificações, aumentando-se responsabilidades para melhor se adaptar ao contexto.

O decreto também atualizou e definiu como seriam aplicados os recursos do Fundo Especial para Calamidades Públicas (Funcap). Apesar de todas essas mudanças, boa parte do texto do Decreto

n. 66.204, de 13 de fevereiro de 1970, que regulamentava a Funcap foi mantida. O texto define que a aplicação dos recursos em assistência, direta ou indireta, às comunidades afligidas por uma situação de emergência ou que se encontrem em estado de calamidade pública deve ser concedida para os seguintes itens:

» aquisição de alimentos, medicamentos e agasalhos;
» aquisição de artigos de higiene pessoal;
» aquisição de artigos de limpeza, desinfecção e conservação;
» aquisição de utensílios domésticos;
» aquisição de material destinado à construção de abrigos emergenciais;
» aquisição de combustível;
» aquisição de equipamentos para busca e salvamento.

Posteriormente, foram acrescidos ao texto outros artigos importantes que também precisam ser oferecidos nos locais de incidente, como água potável e material de sepultamento, bem como apoio logístico às equipes empenhadas nas operações, além do pagamento de serviços de terceiros, quando utilizados na emergência. O Decreto n. 895/1993 revogou os Decretos n. 97.274/1988 e n. 795/1993.

> O Marco de Sendai para a Redução do Risco de Desastres 2015-2030 foi adotado na Terceira Conferência Mundial sobre a Redução do Risco de Desastres, ocorrida em Sendai, Miyagi, no Japão, de 14 a 18 de março de 2015. Nessa conferência, os Estados reiteraram seu compromisso em reduzir os riscos de desastres e aumentar a resiliência das comunidades, enfatizando o desenvolvimento sustentável e a erradicação da pobreza, traçando políticas, planos, programas e orçamentos de todos os níveis para alcançar essas diretrizes.

Com a Lei 12.608/2012, art. 11, a Sinpdec passou a ser gerida pelos seguintes órgãos:

> I – órgão consultivo: CONPDEC;
> II – órgão central, definido em ato do Poder Executivo federal, com a finalidade de coordenar o sistema;
> III – os órgãos regionais estaduais e municipais de proteção e defesa civil; e
> IV – órgãos setoriais dos 3 (três) âmbitos de governo.
> Parágrafo único. Poderão participar do SINPDEC as organizações comunitárias de caráter voluntário ou outras entidades com atuação significativa nas ações locais de proteção e defesa civil].

De acordo com a Lei n. 12.608/2012, à **Coordenadoria Municipal de Proteção e Defesa Civil (Compdec)** compete executar a PNPDEC em âmbito municipal, articulando, coordenando e gerenciando ações relativas à defesa civil nas comunidades de seus municípios, viabilizando sua participação nas ações e nos programas e projetos dessa natureza. Deve, também, elaborar e implementar os planos diretores, de contingência e operações de defesa civil local, além de capacitar recursos humanos para ações de defesa civil e estimular ações voluntárias junto às associações. Com relação às questões orçamentárias, deve ser capaz de promover e viabilizar ações que minimizem a ocorrência de desastres e seus efeitos e concretizar o restabelecimento da normalidade na sociedade.

Ainda é competência da Compdec promover a inclusão dos princípios de Defesa Civil nos currículos escolares da rede de ensino público médio e fundamental, para prevenir e preparar a população em ambiente escolar, dada a grande quantidade de indivíduos vulneráveis e, às vezes, incapazes de ações espontâneas para salvaguardar a própria integridade física.

O órgão tem como principal objetivo realizar análise e mapeamento de áreas de riscos e recomendar a inclusão de tais áreas no plano diretor do município, assim como avaliar os danos e prejuízos

das áreas atingidas por desastres, vistoriar edificações e áreas de risco e providenciar o preenchimento dos seguintes formulários:
> » Notificação Preliminar de Desastres (Nopred): trata-se de comunicado feito pelo prefeito do município ao órgão estadual de proteção e defesa civil e à Secretaria de Proteção e Defesa Civil em Brasília sobre a ocorrência de um evento adverso. Deve ser preenchido por uma equipe habilitada no máximo até 12 horas após o acontecimento e emitido às coordenações estadual e federal do Sinpdec, concomitantemente. Deve conter dados como tipificação, data da ocorrência, localização, área afetada, causas do desastre, estimativa de danos (humanos e materiais), instituição informante e instituições informadas.
> » Avaliação de Danos (Avadan): deve ser preenchido em até 120 horas após o ocorrido, também por equipe habilitada, e conter informações detalhadas e características do desastre, avaliações e registros sobre intensidade, danos e prejuízos. É o documento oficial do Sinpdec. Uma via deve ser anexada aos processos de declaração de situação de emergência ou estado de calamidade pública, em conformidade com os critérios prévios do Conselho Nacional de Proteção e Defesa Civil (Cenpdec).

## Para saber mais

A solicitação do reconhecimento federal do estado de calamidade pública ou situação de emergência deve ser feita diretamente no S2ID (Sistema Integrado de Informações sobre Desastres). Acesse o *site* indicado para se familiarizar com o procedimento.

BRASIL. Ministério da Integração Nacional. **Como solicitar o reconhecimento federal.** Disponível em: <www.mi.gov.br/

web/guest/como-solicitar-o-reconhecimento-federal>. Acesso em: 7 fev. 2017.

É importante salientar que, nos casos de estado de calamidade pública e situações de emergência, devem primeiro agir o município ou o Distrito Federal. Se não conseguirem restabelecer a normalidade e recuperar os danos ocorridos com seus próprios recursos, devem pedir auxílio do estado ou da União, que agirão em regime de cooperação. O Quadro 2.3 estabelece o limite básico entre a situação de emergência e o estado de calamidade pública, segundo o Sistema Integrado de Informações sobre Desastres.

Quadro 2.3 – Situação de emergência (SE) × estado de calamidade pública (ECP)

| Critério | SE | ECP |
|---|---|---|
| Indivíduos mortos | 1-9 | 10 ou mais |
| Indivíduos afetados | 1-99 | 100 ou mais |
| Somatória das instalações públicas afetadas, destruídas ou danificadas | 1-9 | 10 ou mais |
| Somatória das instalações comunitárias afetadas, destruídas ou danificadas | 1-9 | 10 ou mais |
| Somatória das unidades habitacionais afetadas, destruídas ou danificadas | 1-9 | 10 ou mais |
| Somatória das obras de infraestrutura afetadas, destruídas ou danificadas | 1-9 | 10 ou mais |
| Contaminação da água até 10.000 habitantes/município | 10 – 20% | 20% ou mais |
| Contaminação da água acima de 10.000 habitantes/município | 05 – 10% | 10% ou mais |
| Contaminação do solo até 10.000 habitantes/município | 10 – 20% | 20% ou mais |

*(continua)*

*(Quadro 2.3 – conclusão)*

| Critério | SE | ECP |
|---|---|---|
| Contaminação do solo acima de 10.000 habitantes/município | 05 – 10% | 10% ou mais |
| Contaminação do ar até 10.000 habitantes/município | 10 – 20% | 20% ou mais |
| Contaminação do ar acima de 10.000 habitantes/município | 05 – 10% | 10% ou mais |
| Incêndio em parques, áreas de proteção ambiental (APAs) e áreas de proteção permanente (APPs) até 10.000 habitantes/município | Até 40% | 40 % ou mais |
| Incêndio em parques, áreas de proteção ambiental (APAs) e áreas de proteção permanente (APPs) acima de 10.000 habitantes/município | Até 40% | 40 % ou mais |
| Total de prejuízos econômicos públicos (com relação à Receita Corrente Líquida) | 2,77 a 8,32 | 8,33 ou mais |
| Total de prejuízos econômicos privados (com relação à Receita Corrente Líquida) | 8,33 a 24,92% | 24,93 ou mais |

Fonte: Elaborado com base em Krüger, 2012.

A estrutura dos Compdec básica é composta por: Presidência, Diretoria de Operações, Grupo de Atividades Fundamentais (Graf), Conselho de Entidades Não Governamentais (Ceng) e Núcleo(s) de Proteção e Defesa Civil.

A Compdec deve, ainda, promover a mobilização comunitária, capacitar os radioamadores para atuação em caso de desastres e implantar o Núcleo Comunitário de Proteção e Defesa Civil (Nupdec) em seu município, além de articular a elaboração e implantação dos Planos de Apoio Mútuo (PAMs) e realizar exercícios de simulação de abandono e atendimento, com a participação da população, treinando as equipes e aperfeiçoando os planos de contingência, se necessário, conforme dispõe a Lei n. 12.608/2012.

# Para saber mais

O Plano de Apoio Mútuo em Defesa Civil de um município pode envolver as empresas. É o caso do Plano de Auxílio Mútuo de Araucária, no Paraná, onde fica uma das refinarias da Petrobras e, portanto, há uma preocupação extra com a segurança por parte de todos. Acesse o *site* indicado e saiba mais sobre esse assunto.

PAM NUDEC – Plano de Auxílio Mútuo de Araucária. Disponível em: <http://planodeauxiliomutuodearaucaria.blogspot.com.br/>. Acesso em: 7 fev. 2017.

Os **Núcleos Comunitários de Proteção e Defesa Civil (Nupdecs)** são formados por organizações comunitárias de caráter voluntário e suas ações acontecem em nível municipal. Podem ser organizados por diversos grupos diferentes: distritos, vilas, povoados, bairros, quarteirões, edificações de grande porte, escolas, instituições religiosas, associações, cooperativas, distritos industriais, entre outros. Os Nupdecs proporcionam a ligação entre a população e o Sinpdec, com o objetivo de apoiar a redução de riscos locais, realizando ações de prevenção de desastres, minimização de seus efeitos, preparação da comunidade aos riscos e reconstrução em caso de algum episódio dessa natureza.

É estratégica e fundamental a implementação dos Nupdecs, além de urgente para populações em áreas de risco, para que se possa preparar, treinar e manter uma organização voluntária fixa para agir em uma emergência, evitando-se ações inseguras e imprudentes da população. Dessa forma, os Nupdecs possibilitam aumentar, e muito, o poder de resposta em casos de desastres, além de construir um estreitamento da relação entre a população e o governo municipal, do que decorrem vários fatores positivos, como: constituição de uma plataforma de debates para o planejamento das atividades correlatas à defesa civil no tocante à avaliação de riscos e ao mapeamento das ameaças, sinalização das vulnerabilidades, divulgação de informações relevantes, apoio na elaboração dos planos de contingência e nos exercícios de simulação de abandono dos locais e atendimento às vítimas. Os Nupdecs podem, ainda, auxiliar na avaliação dos riscos de desastres, na preparação de mapas temáticos relativos aos riscos, às ameaças e às vulnerabilidades e na promoção de medidas que previnam os riscos de forma estruturada e não estruturada.

## 2.2 Plano de contingência

Os planos de contingência ou emergência são previstos nos Planos Diretores de Defesa Civil para preparar a comunidade para emergências e desastres, em especial os indivíduos que habitam em áreas de risco. Consistem em um planejamento tático documentado, que se constitui em um planejamento acerca de um cenário de risco de desastre, no qual se constata a probabilidade de determinado desastre ou situação adversa e se estima sua magnitude, avaliando-se os prováveis danos e prejuízos à comunidade (Margarida; Nascimento, 2009). Assim, o gestor pode, juntamente com um profissional da área, programar com antecedência os recursos operacionais necessários para o enfrentamento do evento e definir a metodologia de ação. O plano, geralmente, abrange a comunidade no entorno, portanto, é interessante a participação do maior número de representantes possível na sua elaboração.

Para um desenvolvimento consistente do plano de contingência, segundo o *Manual de Planejamento de Defesa Civil* (Brasil, 1999a), é necessário cumprir as seguintes etapas:

1. designação do grupo de trabalho, que articulará e coordenará o planejamento tático;
2. interpretação da missão (objetivos, diretrizes e fundamentação da hipótese de desastre);
3. caracterização dos riscos, ou seja, ameaça específica, grau de vulnerabilidade e hierarquização dos riscos;
4. necessidades de monitoramento, dependendo do evento previsto e de sua magnitude e frequência, utilizando-se os recursos e a tecnologia disponíveis;
5. definição das ações a realizar (pré-impacto e impacto);
6. atribuição de missões aos órgãos do Sinpdec, que consiste em designar, entre os órgãos (setoriais/apoio) em nível local, os mais adequados a cada desastre previsto;
7. estabelecimento de mecanismos de coordenação, com o intuito de melhor articular o planejamento em nível central e setorial;
8. detalhamento do planejamento, de logística, de mobilização dos recursos e da atuação dos órgãos setoriais e de apoio;
9. difusão e aperfeiçoamento do planejamento.

De uma forma mais simplificada, um plano de contingência básico deve conter (Margarida; Nascimento, 2009):

» Introdução: com a descrição da competência legal para a elaboração do plano, relacionando os participantes do processo de planejamento e orientando quanto a seu uso e atualização.
» Finalidade: resumo dos resultados esperados.
» Situação e cenários de risco: descrição dos cenários de risco encontrados na avaliação de risco.
» Conceito de operação: descrição da organização e utilização dos recursos previstos, expondo suas responsabilidades.
» Estrutura de resposta: agências e instituições envolvidas na resposta aos desastres, definindo suas responsabilidades, a linha de comunicação e de autoridade, conforme a evolução do evento.

» Administração e logística: recursos materiais e financeiros necessários desde o ponto de alerta até a reconstrução das estruturas danificadas e a definição da forma de mobilizá-los junto ao governo, às ONG ou às agências voluntárias.

» Atualização: previsão da atualização do plano e de seus anexos, sendo possível acrescentar novas informações e procedimentos, bem como retirar informações desnecessárias.

É importante ter em mente que o plano precisa ser o mais simples possível, evitando-se complicadores que possam inviabilizar sua execução. Portanto, características como simplicidade, flexibilidade, dinamismo, adequação e precisão são essenciais para um plano eficiente.

Essas características podem ser definidas da seguinte maneira: a **simplicidade** é a capacidade de ser conciso e claro, evitando-se confusões e erros; a **flexibilidade** permite que o plano seja adaptável a situações que se apresentem; o **dinamismo** consiste no uso dos recursos de forma a acompanhar a evolução quantitativa e qualitativa do evento; a **adequação** se refere a agir em conformidade com a realidade da instituição e dos meios existentes; a **precisão** consiste na clareza das responsabilidades atribuídas nas ações de enfrentamento.

## 2.3 Plano de emergência contra incêndio

Existem vários tipos de planos de emergência: contra explosões, inundações, atentados, vazamentos, entre outros. A estrutura básica deles é bastante similar. Para nosso estudo, vamos demonstrar como se configura o plano de emergência contra incêndio, por se tratar do plano mais recorrente.

Por mais antigo que seja o assunto relativo às perdas humanas e materiais motivadas por incêndios, ainda convivemos com esse mal. Também é bem conhecido o fato de que a maioria dos incêndios é oriunda de pequenos focos causados por atos inseguros e inconsequentes, os quais seriam facilmente evitados se houvesse uma cultura de prevenção mais ativa e difundida.

O plano de emergência contra incêndio tem como objetivo a proteção da vida e do patrimônio, além da concentração de esforços para mitigar as consequências sociais do sinistro e os danos para o meio ambiente.

## 2.3.1 Elaboração do plano de emergência contra incêndio

A elaboração do plano de emergência contra incêndio deve ocorrer para toda e qualquer edificação ou planta, exceto para as residências unifamiliares. Deve ser redigido por profissional habilitado, geralmente um bombeiro, e atender a alguns aspectos, como a localização da edificação, sua distância da vizinhança e da unidade mais próxima de atendimento a emergências, se está localizada em região urbana ou rural. Os materiais utilizados na construção também devem ser levados em consideração, sendo os mais comuns a alvenaria, o concreto, a metálica, a madeira e a construção mista. A forma de ocupação (industrial, comercial ou residencial), o tipo de população (fixa ou flutuante, por exemplo) ou, ainda, se existe alguma pessoa com necessidades especiais de locomoção, além dos riscos específicos, são outros requisitos a serem analisados para que seja feito um plano de emergência o mais completo e abrangente possível (ABNT, 2005).

O documento deve ser de conhecimento da comunidade no entorno, principalmente em se tratando de indústria ou de locais onde se exerçam atividades perigosas. Uma cópia deve ser entregue ao Corpo de Bombeiros local.

### 2.3.2 Implantação do plano de emergência contra incêndio

A implantação do plano de emergência contra incêndio precisa seguir alguns passos fundamentais: divulgação e treinamento; exercícios de simulação; procedimentos básicos nas emergências.

A divulgação é realizada por meio de manuais básicos distribuídos a todas as pessoas da planta, para que os procedimentos de emergência a serem tomados sejam de conhecimento geral, tanto nas simulações como em casos reais – a simulação e os casos reais podem apresentar algumas diferenças, por exemplo, o sinal sonoro ou luminoso de início de simulação pode ser diferente do usado em caso real. Sugere-se também a fixação de tais manuais em locais estratégicos, como próximo de extintores e hidrantes, nas saídas de emergência e nas portarias. Caso haja visitantes, estes devem ser informados do plano de emergência da planta por meio de panfletos, palestras ou outros meios de comunicação.

A normativa obriga que o plano faça parte dos treinamentos de formação das equipes de brigadistas, além dos treinamentos periódicos e das reuniões ordinárias dos membros da brigada de incêndio, dos bombeiros profissionais civis e do grupo de apoio. Uma representação gráfica das rotas de fuga e saídas de emergência precisa estar afixada nas principais entradas das edificações e ainda em locais estratégicos para que o plano seja difundido entre a população da planta, facilitando, assim, sua compreensão e assimilação (Figura 2.1).

*Figura 2.1 – Planta baixa com rotas de fuga*

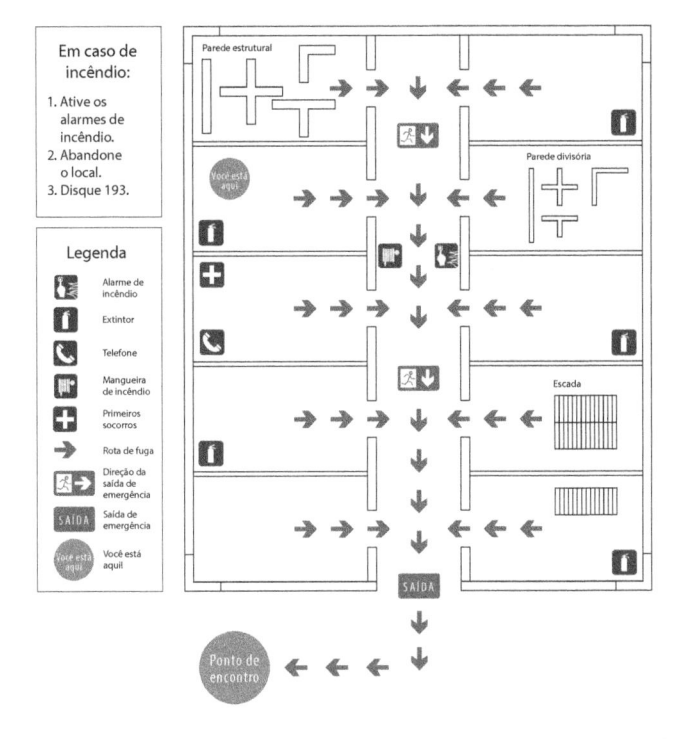

Após a fase de divulgação, é necessário providenciar a divulgação e realização dos exercícios simulados de abandono de área, que podem simular manobras de abandono completo ou parcial da área, com participação de todos que estiverem no prédio ou setor, sem exceção. Para que seja uma manobra segura, a simulação deve ser agendada com antecedência para evitar surpresas nos setores em que existam maquinários que não podem parar de funcionar e/ou ser deixados sem monitoramento. Dependendo do grau de risco, existem algumas variações na quantidade de simulações por ano, como mostra o Quadro 2.4.

*Quadro 2.4 – Quantidade de simulações de abandono*

| Risco | Período máximo de realização do simulado | |
|---|---|---|
| | Parcial | Completo |
| Baixo | 6 meses | 12 meses |
| Médio | 6 meses | 12 meses |
| Alto | 3 meses | 6 meses |

Fonte: Elaborado com base em ABNT, 2005.

A norma prevê que, no fim de cada exercício de simulação, deve ser realizada uma reunião extraordinária para avaliação e correção das eventuais falhas ocorridas; além disso, deve-se elaborar uma ata do evento, que deve conter: data e horário do evento, tempo gasto no abandono, tempo gasto no retorno, tempo gasto no atendimento de primeiros socorros, atuação dos profissionais envolvidos, comportamento da população, participação do Corpo de Bombeiros e tempo gasto para sua chegada. Deve ser registrado também se houve outra ajuda externa, se ocorreram falhas de equipamentos, falhas operacionais e os demais problemas relatados durante a reunião. O exercício pode ou não ser comunicado à população envolvida com antecedência, a depender das atividades do local. Algumas recomendações gerais à população da planta estão indicadas a seguir.

Recomendações gerais para a população no abandono da planta, conforme a NBR 14276 (ABNT, 2006):

» Acatar as orientações dos brigadistas.
» Manter a calma.
» Caminhar em ordem, sem atropelos.
» Permanecer em silêncio.
» Caso não se consiga acalmar pessoas em pânico, deve-se evitá-las. Se possível, avisar um brigadista.

- » Nunca voltar para apanhar objetos.
- » Ao sair de um lugar, fechar as portas e janelas sem trancá-las.
- » Não se afastar dos outros e não parar nos andares.
- » Levar consigo os visitantes que estiverem em seu local de trabalho.
- » Ao sentir cheiro de gás, não acender ou apagar luzes.
- » Deixar a rua e as entradas livres para a ação dos bombeiros e do pessoal de socorro médico.
- » Encaminhar-se ao ponto de encontro e aguardar novas instruções.
- » Nunca utilizar o elevador, salvo se orientado por brigadistas ou bombeiros.
- » Descer até o nível da rua e não subir, salvo por orientação da brigada ou dos bombeiros.
- » Ao deparar-se com equipes de emergência em escadas, dar passagem pelo lado interno da escada.
- » Em casos extremos: evitar retirar as roupas e, se possível, molhá-las; se houver necessidade de atravessar uma barreira de fogo, molhar todo o corpo, roupas, sapatos e cabelo; proteger a respiração com um lenço molhado junto à boca e ao nariz; manter-se próximo ao chão; antes de abrir uma porta, verificar se não está quente; caso fique preso em algum ambiente, aproximar-se de aberturas externas e tentar sinalizar sua localização; nunca saltar.

O último passo na implantação diz respeito aos procedimentos básicos na emergência contra incêndio, que consistem em dez etapas distintas, conforme a NBR 15219 (ABNT, 2005):

1. **Alerta**: procedimento que qualquer pessoa pode realizar, utilizando os meios de comunicação disponíveis ou acionando os

alarmes de incêndio, podendo comunicar as outras pessoas no local, bem como os brigadistas, os bombeiros profissionais civis e o apoio externo. No caso de edifícios que dispõem de sistema automático de detecção de incêndio, não é necessária a intervenção humana nesta etapa.

2. **Análise da situação**: identificação do ocorrido e realização dos procedimentos necessários cabíveis, de acordo com os recursos materiais e humanos disponíveis; várias tarefas podem ser feitas simultaneamente, e a análise da situação pode ocorrer desde o início até o fim da emergência.

3. **Apoio externo**: procedimento de chamar o Corpo de Bombeiros e/ou outros órgãos necessários. Ao apoio externo é necessário informar: nome do solicitante e número do telefone que está usando; endereço completo com ponto de referência para agilizar a chegada do auxílio; outras informações pertinentes, como as características da emergência, local ou pavimento, se há vítimas e o estado em que se encontram. Na chegada do apoio, a ajuda deve ser recepcionada por um brigadista, preferencialmente. Ele deve saber todas as informações coletadas sobre os procedimentos tomados até o momento no local para repassá-las à equipe de socorro e, assim, agilizar o atendimento.

4. **Primeiros socorros**: assistência às possíveis vítimas com os procedimentos de suporte básico da vida (SBV), ressuscitação cardiopulmonar (RCP) ou outros que se façam necessários e cuja realização seja possível. Tais procedimentos podem manter ou estabelecer as funções vitais da vítima ou das vítimas até a chegada do socorro especializado.

5. **Eliminação de riscos**: atitudes, mesmo as mais simples, que consistem em manobra fundamental para que não se agrave o incidente. Esta etapa diz respeito ao corte das fontes de energia, como a elétrica ou outras fontes, e do fechamento das

válvulas das tubulações de gases inflamáveis ou contaminantes, se existirem estes itens no local ou no entorno da edificação afetada. Todo esse procedimento deve ser feito se houver segurança; caso contrário, a norma estabelece que tais manobras não sejam realizadas.

6. **Abandono de área**: saída de todas as pessoas, com segurança e ordem, do local onde está acontecendo o incidente para um local seguro preestabelecido e de conhecimento de todos, onde devem permanecer até que sejam liberadas para retorno ao local ou dispensadas para ir a outro local. No plano devem constar também ações de abandono para portadores de deficiência física, idosos e gestantes, visto que necessitam de auxílio na locomoção e, ainda, de condições estruturais específicas, como rampas e corrimãos.

7. **Isolamento da área**: isolamento do local atingido, utilizando-se os meios cabíveis, como uma fita zebrada, cavaletes ou outro artifício que possa evitar a circulação de pessoas não autorizadas no local, que deve ficar livre para a intervenção da ajuda profissional no incidente.

8. **Confinamento do incêndio**: técnicas previamente treinadas e aplicadas por pessoas certificadas ou profissionais da área para confinar o incêndio e impedir que se propague, aumentando o risco e os danos.

9. **Combate ao incêndio**: procedimento de combate ao fogo até que se consiga extingui-lo. Deve ser realizado com segurança e por pessoas capacitadas ou profissionais da área de combate a incêndio.

10. **Investigação**: levantamento das possíveis fontes causadoras do incidente e das providências a serem tomadas para seu combate.

Após um incêndio, deve ser emitido um relatório, em conformidade com a NBR 14023 (ABNT, 1997b), que registra os trabalhos dos bombeiros. Uma cópia desse documento deve ser enviada ao Sistema Nacional de Coleta e Análise de Dados de Bombeiros. O relatório deve conter, ainda, a proposição de medidas preventivas e corretivas para evitar a reincidência, de modo a contribuir para que sejam registradas e disseminadas as boas práticas e a servir de base para atualizações dos procedimentos.

### 2.3.3 Manutenção do plano de emergência contra incêndio

A manutenção do plano deve ser feita por meio de reuniões ordinárias e extraordinárias, entre o coordenador geral da brigada de incêndio, os chefes da brigada de incêndio, um representante dos bombeiros profissionais civis e um representante do grupo de apoio, com registro em ata e envio das definições e ações cabíveis a cada área. Ainda com relação às reuniões, descrevemos a seguir alguns itens que devem constar, fundamentalmente, nas pautas.

Nas reuniões ordinárias, realizadas mensalmente, deve-se tratar das melhores datas para realização dos exercícios de abandono, respeitando-se os intervalos máximos entre eles. Outro item importante é a revisão das funções de cada pessoa dentro do plano de emergência contra incêndio, uma vez que algumas pessoas podem ser transferidas de setor ou planta ou, ainda, se desligar da instituição, havendo necessidade de sua reposição no plano e também de treinamento do substituto. Também devem ser colocados em pauta os problemas encontrados nas inspeções periódicas para verificar possíveis anomalias em relação à prevenção de incêndios e discutir a melhor forma para sua regularização, em conformidade com as normas de segurança.

Quanto aos assuntos que devem ser tratados em reuniões extraordinárias, destacamos: análise posterior da execução de um simulado de abandono; ocorrências ou princípios de incêndio ou qualquer situação dessa natureza; casos em que seja constatada a necessidade de realização de serviços que possam gerar algum risco; situações em que a planta sofra alterações substanciais em seus processos industriais ou de serviços ou, ainda, em sua estrutura física.

### 2.3.4 Revisão do plano de emergência contra incêndio

A revisão do plano deve ser feita por profissionais habilitados em caso de alteração substancial em processos industriais ou de serviços ou, ainda, na estrutura física da planta. Também deve ser realizada no caso de se identificar uma possível melhoria do plano e se tiver passado o período de 12 meses desde a última revisão.

A normativa alerta que nenhuma dessas alterações pode ocorrer sem prévia comunicação a um profissional habilitado – preferencialmente, o mesmo que elaborou o plano de emergência contra incêndio –, que deve autorizá-la por escrito.

Tal profissional deve consultar os membros que participam das reuniões ordinárias e extraordinárias, suas atas e os resultados de auditoria do plano. Essa auditoria, de preferência, deve ser realizada antes da revisão do plano, com o intuito de verificar se está em conformidade com a normativa, além de averiguar se os riscos identificados na análise de riscos constante no plano foram mitigados ou mesmo erradicados.

## Para saber mais

Assista ao documentário indicado a seguir para ver uma introdução aos assuntos dos próximos capítulos.

PERCEPÇÃO de risco: a descoberta de um novo olhar. Direção: Sandra Alves e Vera Longo. Brasil, 2009. 77 min.

## Síntese

Neste capítulo, abordamos a Defesa Civil e o plano de contingência. A Defesa Civil, como destacamos, tem como finalidade global a segurança da população. Suas ações abrangem da prevenção a crises à reabilitação da comunidade após a ocorrência de evento adverso.

Vimos que as ações da Defesa Civil organizada no Brasil tiveram início no Rio de Janeiro e se estendem aos dias atuais com a criação do Sistema Nacional de Proteção e Defesa Civil (Sinpdec), que coordena ações federais por meio do Conselho Nacional de Proteção e Defesa Civil (Conpdec) e da Secretaria Nacional de Proteção e Defesa Civil (Sedec). Em nível estadual, existem as Coordenadorias Estaduais de Proteção e Defesa Civil (Cepdecs) e, que atuam em conjunto com os municípios na Coordenaria Municipal de Proteção e Defesa Civil (Compdec) e nos Núcleos Comunitários de Proteção e Defesa Civil (Nupdecs), organizações de caráter voluntário que têm o objetivo de preparar a população de cada local para desastres e calamidades de forma organizada, aumentando o poder de resposta, evitando ações inseguras e imprudentes e estreitando as relações entre a comunidade e o governo.

Quanto aos planos de contingência, vimos que estão previstos nos planos de diretores de Defesa Civil e definem os parâmetros para agir em um cenário de risco de desastre. Também destacamos as nove etapas para a concepção de um plano consistente.

Na sequência, tratamos da elaboração do plano de emergência contra incêndio, cuja implantação compreende divulgação e treinamento, exercícios de simulação e procedimentos básicos para agir em casos de emergência.

## Questões para revisão

1) A Defesa Civil tem por finalidade:
   a. a segurança global da população, agindo preventivamente ou respondendo a situações de desastres naturais, antropogênicos ou mistos.
   b. a segurança global da população, agindo preventivamente ou respondendo a situações de desastres naturais, antropomórficos ou mistos.
   c. a segurança global da população, agindo preventivamente em situações de desastres naturais, antropogênicos ou mistos.
   d. a segurança global da população, agindo preventivamente ou respondendo a situações de desastres inaturais, antropogênicos ou mistos.

2) Não faz parte do Sistema Nacional de Prevenção e Defesa Civil (Sinpdec):
   a. Conselho Nacional de Proteção e Defesa Civil (Conpdec).
   b. Secretaria Nacional de Proteção e Defesa Civil (Sedec).
   c. Coordenadorias Regionais de Proteção e Defesa Civil (Corpdec).
   d. Organização Mundial da Saúde/Organização das Nações Unidas (OMS/ONU).

3) Está ligado(a) ao Conselho Nacional de Proteção e Defesa Civil (Conpdec):
   a. Secretaria Nacional de Proteção e Defesa Civil (Sedec).
   b. Conselhos Regionais de Proteção e Defesa Civil (Corpdec).
   c. Centro Municipal de Proteção e Defesa Civil (Compdec).
   d. Núcleo Permanente de Defesa Civil (Nupdec).

4) Segundo o Decreto Federal n. 895/1993, **não** será viabilizada às comunidades atingidas por situação de emergência ou calamidade pública a aquisição de:
   a. alimentos, medicamentos e agasalhos.
   b. artigos de higiene pessoal, limpeza, desinfecção e conservação.
   c. material destinado à construção de abrigos emergenciais.
   d. equipamentos de esporte e lazer.

5) Compete à Coordenadoria Municipal de Proteção e Defesa Civil (Compdec):
   a. o planejamento da Política Nacional de Proteção e Defesa Civil (PNPDEC).
   b. articular, coordenar e gerenciar ações relativas à Defesa Civil nos municípios.
   c. elaborar e implementar os planos diretores estaduais.
   d. cobrar a vistoria das edificações e áreas de risco por parte dos Núcleos Comunitários de Proteção e Defesa Civil (Nupdecs).

6) *Nopred* significa:
   a. Notificação Preliminar de Desastres.
   b. Notificação Predial de Desastres.
   c. Notificação Preliminar de Danos.
   d. Notificação Predial de Danos.

7) O formulário Avadan (Avaliação de Danos), entre outras informações, deve conter:
   a. informações superficiais e genéricas do desastre.
   b. avaliações e registros sobre os recursos vindos do governo.
   c. informações detalhadas e características do desastre.
   d. avaliações e registros sobre as aquisições para sanar os danos.

8) Podem formar os Núcleos Comunitários de Proteção e Defesa Civil (Nupdecs):
   a. bairros, quarteirões e Corpo de Bombeiros.
   b. quarteirões, escolas e Corpo de Bombeiros.
   c. cooperativas, associações e instituições religiosas.
   d. associações, instituições religiosas e Corpo de Bombeiros.

9) Qual é a finalidade da Defesa Civil? Qual é o objetivo do Sistema Nacional de Prevenção e Defesa Civil (Sinpdec)?

10) Segundo o Decreto Federal n. 895/1993, serão concedidos recursos às comunidades atingidas por situação de emergência ou calamidade pública para a. Cite alguns dos itens aos quais esses recursos podem ser destinados.

## Questão para reflexão

Quais são os dados que devem estar expressos na Notificação Preliminar de Desastres (Nopred), comunicado enviado pelo prefeito municipal ao órgão estadual de proteção e defesa civil e à Secretaria de Proteção e Defesa Civil, em Brasília?

# III

## Conteúdos do capítulo:

» Desastres no Brasil, suas diversas origens e como minimizar sua ocorrência.
» Classificação dos desastres naturais, antropogênicos e mistos.
» Intensidade dos desastres.
» Evolução dos desastres.

## Após o estudo deste capítulo, você será capaz de:

1. compreender as origens dos desastres;
2. identificar desastres naturais, antropogênicos e mistos;
3. entender a intensidade e a evolução dos desastres.

Desastres

Por definição geral, "desastre é o acontecimento calamitoso, sobretudo o que ocorre de súbito e causa grande dano ou prejuízo" (Ferreira, 1985)

A vulnerabilidade das comunidades aumenta com as constantes ocorrências de desastres em regiões de grande aglomeração de pessoas, como uma metrópole – no Brasil podemos citar a cidade de São Paulo, por exemplo. Com as constantes ocorrências, esses eventos deixam de ser fatos isolados e se tornam um problema crônico, demonstrando o grau de vulnerabilidade da população, que, em certas regiões, é castigada por infraestrutura urbana precária e falta de coleta de lixo e saneamento básico, somadas à precariedade ou à ausência de moradia e de serviços que promovam a qualidade de vida de seus moradores, o que resulha na incapacidade de responder a situações de crise de forma efetiva (Martins; Spink, 2015).

Existem os riscos relacionados a causas naturais, ligados à geografia, ao relevo e aos movimentos internos e externos da crosta terrestre e às variações atmosféricas. Sobre tais riscos a humanidade exerce pouca ou nenhuma influência. Em planícies e planaltos, por exemplo, podem ocorrer alagamentos e erosão; em montanhas e morros, pode ocorrer deslizamento; regiões que ficam no entorno de vulcões podem sofrer tremores e suas construções podem ser destruídas pelo material rochoso expelido em forma de lava; regiões litorâneas podem ser acometidas pelas ressacas do mar; em desertos e regiões áridas, ocorre a escassez de água. A condição atmosférica muitas vezes se soma a essas e outras causas naturais, intensificando o risco.

Como exemplo, podemos citar o caso de um vale que é cortado por um rio e que recebe uma intensa chuva em um curto período de tempo ou uma chuva moderada durante um período prolongado. O rio não consegue escoar o volume de água a tempo e seu nível começa a subir, aumentando consideravelmente o risco de um desastre para as pessoas que construíram próximo às margens.

> Como classificar um desastre?

Os desastres são classificados de acordo com sua origem, intensidade e evolução. A classificação do desastre quanto a sua **origem** ajuda a definir a melhor estratégia para agir no incidente, a calcular e escolher os insumos cabíveis e a requisitá-los para o local do ocorrido. Podemos dividir a origem de um desastre em três categorias: naturais; humanos ou antropogênicos; e mistos.

A primeira categoria – desastres de origem natural – refere-se a fenômenos que fogem ao controle do homem, causados por forças da natureza que atuam na superfície terrestre, como vendavais, tempestades, nevascas, secas e inundações. Esses fenômenos também são causados por desequilíbrios naturais. Outro tipo de desastre dessa categoria são os que provocam perdas pelo impacto de corpos siderais ou meteoritos que caem na superfície terrestre. Existem ainda aqueles que se originam do interior da Terra, causados por terremotos, maremotos e abalos sísmicos, que deixam um rastro de prejuízo e medo. No Brasil, em princípio, não ocorrem terremotos, em consequência de sua localização, na região central da Placa Sul-Americana; porém, somos acometidos por abalos sísmicos de baixas magnitudes.

## 3.1 Origens dos desastres

Vamos tratar aqui dos tipos de desastres, principalmente dos que podem ocorrer no Brasil, e de suas principais características. Vamos nos basear nas definições da literatura nacional, em especial dos manuais, sobre o assunto, disponível nos órgãos que pesquisam e monitoram desastres e que são fontes de informação das ações de prevenção e combate aos desastres no âmbito do território brasileiro – entre eles a Secretaria Nacional de Proteção e Defesa Civil (Sedec). Em seus documentos, os desastres são divididos conforme a Classificação Geral dos Desastres e a Codificação de Desastres, Ameaças e Riscos (Codar), que os divide em três categorias principais: naturais, antropogênicos ou mistos, que também são divididos em subgrupos.

### 3.1.1 Desastres naturais

Os desastres naturais podem se desmembrar em outras categorias, como os de origem sideral, os de causas originadas na geodinâmica terrestre interna ou externa e os relativos aos desequilíbrios na biocenose.

Os desastres naturais de origem sideral consistem em impactos causados por corpos que vêm do espaço e conseguem atravessar a camada protetora da atmosfera, alcançando o solo ou caindo nas águas da superfície da Terra. Esses corpos são denominados *meteoritos* e são responsáveis por algumas crateras na superfície dos planetas e de seus satélites ou luas. Os astrônomos estimam que vinte toneladas de partículas cósmicas do tamanho de um grão de areia caem sobre a superfície terrestre todos os anos, aproximadamente, além dos milhares de meteoritos do tamanho de uma laranja que também atingem a superfície da Terra, porém não causam grandes efeitos. Entretanto, nos casos de meteoritos de grande volume, como o que caiu no Período Cretáceo, há 65 milhões de anos, os efeitos seriam devastadores, colocando a vida como conhecemos hoje em situação total de risco. Estudos são feitos para desenvolver meios de evitar uma situação desse porte, além de serem realizados monitoramentos constantes dos asteroides e cometas que possam oferecer algum risco à Terra.

## Desastres naturais relacionados com a geodinâmica terrestre e externa

Quanto aos desastres naturais provenientes da geodinâmica terrestre externa, a Codar os subdivide em quatro grupos: de causa eólica; de procedência de temperaturas extremas; por incremento das precipitações hídricas e com inundações; e, por fim, por intensa redução das precipitações hídricas. Visto que a maioria desses eventos ocorre com certa frequência no Brasil, na sequência, abordaremos os desastres desses quatro grupos, suas características mais marcantes e algumas dicas para prevenção de seus efeitos.

### Desastres naturais de causa eólica

Os desastres por motivos eólicos são aqueles que acontecem em consequência da alteração da velocidade dos ventos, que podem ficar muito fortes, com velocidade acima do suportado pelos seres vivos, vindo a danificar e destruir edificações. A velocidade dos ventos também pode ficar abaixo do necessário, dificultando a manutenção da vida de grande parte das espécies. Castro (2007) traz uma definição da Codar segundo a qual esse desastre é causado pela intensificação do regime dos ventos ou pela forte redução da circulação atmosférica.

*Figura 3.1 – Desastre por causa eólica – tornado*

Tais eventos podem ser subdivididos em vendavais ou tempestades, vendavais muito intensos ou ciclones extratropicais, vendavais extremamente intensos, furacões, tufões ou ciclones tropicais, tornados e trombas-d'água. Essa classificação está baseada em uma escala que tem a velocidade dos ventos como referência e foi idealizada pelo almirante e hidrógrafo inglês Sir Francis Beaufort, no início do século XIX, quando era utilizada para navegação. Com o passar dos anos, houve modificações e ela foi adaptada para utilização não só no mar, mas também nos continentes. A escala varia de 0 a 12, iniciando com ventos de menos de 1,8 km/h, quando seu valor é zero (0), até ventos acima de 120 km/h, de valor máximo doze (12). A escala é mais bem detalhada no Quadro 3.1.

*Quadro 3.1 – Escala modificada de Beaufort*

| Escala | Nomenclatura | Velocidade do vento (km/h) |
|---|---|---|
| 0 | Vento calmo ou calmaria | Menos de 1,8 |
| 1 | Vento quase calmo | 1,8 a 6 |
| 2 | Brisa leve | 7 a 11 |
| 3 | Vento fresco ou leve | 12 a 19 |
| 4 | Vento moderado | 20 a 30 |
| 5 | Vento regular | 31 a 40 |
| 6 | Vento meio forte | 41 a 51 |
| 7 | Vento forte | 52 a 61 |
| 8 | Vento muito forte ou ventania | 62 a 74 |
| 9 | Vento duro ou ventania fortíssima | 74 a 87 |
| 10 | Vento muito duro, vendaval ou tempestade | 88 a 102 |
| 11 | Ciclone extratropical, vendaval muito forte | 103 a 119 |
| 12 | Furacão, tufão ou ciclone tropical | Acima de 120 |

Fonte: Adaptado de Castro, 2003, p. 17.

Analisando o quadro, na classificação dos ventos de zero (0) até cinco (5), podemos considerar os ventos normais, capazes de levantar poeira e papéis, inclusive movimentando os galhos das árvores. A partir de seis (6), os ventos meio fortes, começamos a sentir desconforto, pois a velocidade dificulta o uso de guarda-chuvas, por exemplo. É a partir dos 62 km/h, classificação oito (8), ventania, que o vento se torna potencialmente perigoso, capaz de quebrar galhos de árvores e impossibilitar que as pessoas caminhem contra ele. A situação se agrava ainda mais a partir da classificação dez (10), vendavais ou tempestades, quando os ventos circulam com velocidade acima dos 88 km/h e se tornam fortes o suficiente para derrubar árvores e causar danos a construções mal edificadas ou fragilizadas.

Os ventos são definidos como deslocamentos violentos de massa de ar quando atingem velocidade de 88 a 102 km/h e geralmente estão acompanhados de chuvas, granizo ou neve. O fenômeno pode ocorrer em todo o globo terrestre, causando derrubada de árvores, de fiações de transmissão de energia elétrica e telefone e danificando plantações, além de provocar enxurradas e alagamentos, destelhamentos, deslizamentos ou desmoronamentos do solo.

Após os vendavais, chegamos aos ciclones extratropicais, classificação 11 (onze), com ventos de 102 a 120 km/h, que também normalmente vêm acompanhado de precipitações hídricas (chuva, granizo, neve), agravando a situação em razão da maior intensidade e concentração e causando, costumeiramente, inundações, ondas gigantescas, raios e naufrágios, além de incêndios provenientes de curtos-circuitos. Esses fenômenos podem ocorrer em qualquer parte do planeta.

Os últimos da escala são os furacões, tufões ou ciclones tropicais, classificação 12 (doze), com ventos acima de 120 km/h, podendo atingir 160 km/h. Esse fenômeno não ocorre no Oceano Atlântico Sul e na faixa até 5° de latitude do Equador, sendo mais comum no Atlântico Norte, no Pacífico Norte e Sul e no Índico. Seus efeitos são devastadores, com força suficiente para arrastar corpos grandes e pesados e até arremessá-los. Também pode causar a formação de ondas gigantescas, inundações bruscas e alagamentos.

Os estudiosos do assunto ainda citam mais dois eventos peculiares: o tornado e a tromba-d'água. Os tornados são vórtices ou redemoinhos, normalmente formados por nuvens escuras de formato afunilado, como de um cone de cabeça para baixo, que descem em direção à superfície, deixando um rastro de destruição por onde passam em razão da grande velocidade de rotação e do forte poder de sucção. Na periferia do vórtice, os ventos podem alcançar a velocidade de 800 km/h e, em seu interior, os ventos ascendentes podem atingir a velocidade de 320 km/h. O tornado é mais agressivo que o furacão. Outra característica que o difere do furacão é sua duração e a área afetada, que são menores. O tornado pode ocorrer em qualquer continente, sendo que no Brasil são mais registrados nas Regiões Sul e Sudeste, principalmente em São Paulo e no Paraná. Entretanto, sua frequência é bem baixa. Ele pode se formar pelo encontro de massas de ar heterogênicas e intensas.

O fenômeno da tromba-d'água é análogo ao do tornado, do qual se diferencia pelo local de ocorrência, que é a superfície das águas, extirpando-se ao tocar a superfície da terra.

Mesmo que todos esses eventos sejam de causas naturais e não controlados pela humanidade, são indicadas possíveis formas de prevenção, podendo ser adotadas medidas de longo prazo ou emergenciais, capazes de reduzir os impactos. Constituem **medidas de longo prazo**:

» construir edificações bem estruturadas e em locais seguros, longe de locais com histórico de alagamentos e enchentes e de locais arriscados, como encostas ou pontos com risco de deslizamento de terra;

» revisar a resistência da edificação, em especial o madeiramento de apoio do telhado;

» resguardar-se de regiões já identificadas como impróprias para construção e moradia;

» em ilhas e costas de pouca altitude, que apresentam risco de serem atingidas por ondas, construir abrigos seguros em locais mais altos;

» em casos de regiões que são acometidas por tornados, construir abrigos subterrâneos;
» instalar cortinas nas janelas, pois, em casos mais amenos, podem evitar que estilhaços de vidro sejam lançados e espelhados, podendo causar algum ferimento;
» manter árvores próximas às edificações podadas e verificar se estão sadias, evitando-se sua fragilização e posterior queda.

Com relação às **medidas preventivas emergenciais**, sugere-se com mais ênfase:

» não tomar banho em chuveiros elétricos nem operar aparelhos elétricos e telefônicos durante as tempestades;
» desligar a energia elétrica para evitar curtos-circuitos, pois podem resultar em incêndio;
» providenciar a proteção das pessoas no que se refere ao impacto de objetos que porventura sejam arremessados pelo vento;
» fechar todas as entradas da edificação, evitando-se correntes de ar internas que possam arremessar objetos, e não ficar perto de paredes, janelas e aparelhos elétricos e telefones;
» em local descampado, evitar carregar objetos longos, como guarda-chuvas, varas de pescar, enxadas, ancinhos, hastes de qualquer forma;
» não entrar em rios, lagoas e no mar;
» estacionar veículos fora da entrada, de preferência longe de áreas de inundação, queda de árvore, deslizamentos e desmoronamentos, e, se possível, deixar as luzes de alerta acesas;

- » manter-se informado, tendo consigo meios pelos quais seja possível receber informações e que funcionem sem a energia da rede externa, como rádios com baterias internas;
- » fixar ou guardar objetos que possam ser arremessados ou arrastados pelo vento;
- » não se abrigar debaixo de árvores ou coberturas visivelmente frágeis;
- » não estacionar veículos próximo a torres de transmissão e placas de propagandas;
- » evitar a curiosidade, procurando afastar-se de fenômenos altamente destrutivos, como tornados e trombas-d'água;
- » em casos de eventos mais agressivos, procurar locais abaixo da superfície, como abrigos subterrâneos ou porões, visto que, no caso de tornados, seu efeito de sucção se torna mais forte na superfície – caso não exista essa possibilidade, ficar em corredores internos e deitado próximo ao chão;
- » proteger a cabeça de objetos que porventura venham a atingi-la;
- » evitar sempre o contato com cabos ou redes elétricas caídas;
- » ficar longe de edificações já danificadas e afastar-se no caso de sentir o cheiro de gás de cozinha ou outros combustíveis.

■ Desastres naturais causados por temperaturas extremas

Os desastres causados por temperaturas extremas são aqueles relacionados com temperaturas muito altas ou muito baixas, somados a todos os fenômenos acarretados por elas. Compreendem ondas de frio intenso, eventos com neve, granizos, geadas, ondas de calor e ventos quentes e secos. Apesar de a população que vive em locais acometidos por esses eventos procurar se adaptar aos seus efeitos, eles seguem causando transtornos e perdas.

*Figura 3.2 – Desastre causado por temperatura extrema – geada em plantação de repolho*

As ondas de frio intenso são caracterizadas pela busca e acentuada queda na temperatura em uma região em determinado período do ano, com duração de algumas horas ou até mesmo por semanas. A queda de temperatura brusca é causada pelo avanço de uma massa de ar de origem polar, geralmente acompanhada de ventos também gelados, aumentando a sensação de frio. No hemisfério sul pode ocorrer em regiões de clima subtropical, tropical e, às vezes, em regiões equatoriais. Seu período normal de ocorrência se inicia no mês de maio e se estende até setembro, abrangendo as estações do outono e do inverno. Os danos ocasionados por esse fenômeno estão relacionados à vulnerabilidade de uma parcela da população que não tem condições financeiras e materiais para se proteger, como os desabrigados, ou se encontra em estado de saúde fragilizada, como os idosos, os enfermos e as crianças.

Outra importante moléstia trazida pela onda de frio intenso são as doenças características do clima transmitidas pelo ar, como gripes ou *influenza*, infecções respiratórias agudas, coqueluche, difteria, sarampo e meningite meningocócica. Existem algumas medidas preventivas para a redução dos efeitos danosos dessa natureza, como a coleta e distribuição de agasalhos, o recolhimento de desabrigados em albergues ou locais de abrigos temporários e a adoção de programas de assistência que possibilitem a melhora das condições financeiras e materiais das populações vulneráveis. Podemos acrescentar a essas medidas as campanhas de vacinação disponíveis nos centros de saúde públicos e a higienização correta das mãos. Também são ações para minimizar os riscos, sempre que possível, abrir portas e janelas para a circulação e troca do ar nos ambientes fechados, mesmo que não haja aglomeração de pessoas, diminuindo, assim, a transmissão de doenças, e manter a ingestão de água nesses períodos.

Outros fenômenos recorrentes são a neve, o granizo e a geada. Os fenômenos relacionados à neve podem ser divididos em nevada, tempestade e avalanche de neve. Para se formar a neve, o ar deve estar supersaturado pelo vapor-d'água, a temperatura das altas camadas da atmosfera precisa estar entre −12 °C e −20 °C e seus núcleos devem ter condensação de partículas microscópicas de fumaça, pó ou pólen. As nevadas, que são a precipitação da neve, são comuns em países de clima temperado e frio, porém ocorrem no Brasil nas regiões serranas dos Estados de Santa Catarina e Rio Grande do Sul e na região sul do Paraná. As tempestades e as avalanches de neve são mais comuns em regiões montanhosas, como os Alpes, na Europa, a Cordilheira dos Andes, na América do Sul, a do Himalaia, na Ásia, e as Montanhas Rochosas, na América do Norte, onde a temperatura se mantém abaixo de 0 °C no inverno. As avalanches costumam ocorrer no fim do inverno e começo da primavera.

O granizo se caracteriza pela precipitação sólida de grânulos de gelo formados no interior de nuvens chamadas *cumulonimbus*. Essas nuvens são muito grandes verticalmente, podendo medir até 1.600 metros de altura, e em seu interior ocorre intensa movimentação de ar com gotas de água que se congelam nas camadas internas mais altas. Esse fenômeno ocorre em todos os continentes, sendo mais recorrente em regiões continentais de clima quente. No Brasil, as regiões mais atingidas são a Sul, a Sudeste e uma parcela da Centro-Oeste, em especial as áreas de planalto dos três estados do Sul. Seus efeitos são grandes causadores de prejuízo aos agricultores que cultivam frutas de clima temperado, como maçãs, peras, pêssegos e *kiwi*. Trazem também grandes transtornos e prejuízos às cidades, como destruição de telhados e vidros, amassados na lataria de veículos, queda de árvores e galhos que podem atingir pessoas, veículos ou edificações. As formas de prevenção a esse fenômeno podem ser similares às das tempestades, sendo oportuna, ainda, a contratação de seguro para minimizar os prejuízos materiais.

As geadas são formadas pelo congelamento do vapor-d'água suspenso na atmosfera, em locais em que a temperatura ambiente está próxima de 0° C, formando uma camada de gelo ou geada que cobre a superfície de tudo o que se encontra em sua área de abrangência. As regiões onde sua ocorrência é mais frequente são locais frios e elevados, fundos de vale e regiões montanhosas, normalmente na passagem de frentes frias e em ocasiões de madrugadas frias, estreladas e com ventos calmos. As geadas podem ser classificadas em: fracas, quando a temperatura se situa entre 4 °C e 5 °C; moderadas, quando as temperaturas estão entre 2 °C e 3 °C; severas, entre 0 °C e 2 °C. O fenômeno provoca o congelamento da seiva das plantas, que podem atingir até 5 °C abaixo da temperatura do ar. A frequência das geadas pode ser registrada entre 4/5 anos, 9/11 anos e 18/20 anos, respectivamente. Esse fenômeno, em geral, causa prejuízos aos agricultores e o consequente aumento do preço dos produtos no mercado. No Brasil, são mais comuns nas Regiões Sul e Sudeste, podendo ocorrer do fim do mês de abril até setembro, dependendo da localidade. Os efeitos danosos são registrados entre os produtores de café, frutas cítricas e de clima temperado e hortigranjeiros. Existem alguns métodos para reduzir as perdas no campo, tais como fazer a escolha de culturas mais resistentes às geadas, somada ao zoneamento e ao cultivo adensado das plantações. Também são obtidos bons resultados irrigando as plantações algumas horas antes do possível início das geadas. O uso de cobertura, como plástico e papel, é bem eficiente, assim como a plantação de algumas árvores entre os canteiros em área de maior incidência. Para o agricultor, é indicada a contratação de seguro agrícola para reduzir os prejuízos financeiros, mas isso não impede a elevação dos preços no mercado.

Vejamos agora o fenômeno das ondas de calor, que são massas de ar predominantes em regiões áridas ou semiáridas que se deslocam para regiões de climas mais afáveis em razão da diferença de pressão que favorece essa movimentação. Exemplos de regiões mais suscetíveis são o Sul Europeu e a América do Norte, em especial os Estados Unidos, que foi atingido em 1995 nos Estados da Geórgia e do Kansas, além de outras localidades, por uma forte onda de calor. O fenômeno foi uma catástrofe: foram registrados mais de 700 casos de pessoas que sucumbiram ao calor intenso, com temperatura em torno de 43 °C em uma região com umidade relativa do ar próxima de 90%, e vieram a falecer. Nessas condições de calor, os que mais sofrem são as crianças, os idosos, os enfermos e pessoas com complicações cardiorrespiratórias. Outra consequência desastrosa do fenômeno são os incêndios florestais muito intensos em consequência da queda brusca e constante da umidade do ar. Seus efeitos são aumentados em regiões com reflorestamentos e fazendas de produção de madeira como as coníferas, utilizadas na indústria, e em regiões onde há produção de papel e celulose, produtos derivados dessas madeiras, inclusive no Brasil.

Os ventos quentes e secos são característicos de regiões áridas ou desérticas, como as chamadas *tempestades de areia* do deserto do Saara. Esse fenômeno não ocorre em território brasileiro.

Em períodos de estiagem, no entanto, o Nordeste e o Centro-Oeste do Brasil são invadidos por ventos de até 30 km/h, que resultam em erosão eólica e na desidratação da vegetação, causando prejuízos econômicos aos criadores de animais, que veem seus rebanhos perdendo peso, o que causa atraso na idade de abate de 2 para 4 anos e, consequentemente, reduz a produção de leite. Tais situações geram uma perda de rendimento de mais de 2 bilhões de dólares por ano, não restando muito o que fazer. Os governos locais tentam reduzir os impactos negativos aos produtores oferecendo seguro para os que vierem a ter perdas de mais de 50% da produção, porém é disponibilizado um valor próximo a um salário mínimo.

- Desastres naturais por aumento das precipitações hídricas e inundações

O aumento ou incremento do volume das águas e as inundações são fenômenos que acontecem em todos os continentes, independentemente do clima, dependendo apenas do volume e da concentração das chuvas. Ocorrem quando as precipitações são anormais e as águas transbordam os leitos de rios, lagos e canais, causando danos e transtornos tanto materiais como à vida. Conforme sua magnitude, podem intensificar a transmissão de doenças que contaminam a água e os alimentos. Existem várias outras causas desses fenômenos, como o degelo, a elevação dos leitos dos rios por assoreamento, a redução da infiltração natural do solo, a saturação dos lençóis freáticos, a erupção vulcânica em área de nevada, as chuvas concentradas somadas a marés muito elevadas, a ressacas ou maremotos, a drenagem deficiente de terrenos de aterros onde existia um curso de água.

*Figura 3.3 – Desastre natural causado por aumento da precipitação hídrica – inundação*

joyfull/Shutterstock

Desastres dessa natureza podem ocorrer praticamente em todo o território brasileiro e são monitorados, diariamente, pela Divisão de Controle de Recursos Hídricos do Departamento Nacional de Águas e Energia Elétrica (DNAEE), que dispõe de uma extensa rede de estações pluviométricas, sendo capaz de acompanhar as variações fluviométricas, climatológicas e sedimentamétricas e fazer a medição do caudal de descarga e o controle da qualidade da água. Com os estudos de monitoramento, foi possível separar as inundações em quadro tipos e indicar medidas preventivas e corretivas ajustadas a cada uma delas:

1. **Enchentes ou inundações graduais**: quando as águas se elevam aos poucos e escoam gradualmente; um evento previsível e pouco influenciável por chuvas cotidianas intensas e concentradas. Sua ocorrência é mais comum em grandes bacias hidrográficas, como a dos rios Amazonas, na América do Sul, Nilo, na África, e Missipi-Missouri, na América do Norte. A convivência com esse evento é harmoniosa, provocando

danos e prejuízos apenas àqueles que não conhecem e/ou não respeitam sua dinâmica anual ou em casos de inundações excepcionais.

2. **Enxurradas ou inundações bruscas:** resultados de chuvas intensas e concentradas que acontecem em regiões de bacias ou sub-bacias médias ou pequenas, de terreno com relevo acidentado, que facilita o escoamento rápido e intenso das águas. Surpreendem a população pela violência e menor grau de previsibilidade, resultando em danos materiais e humanos.

3. **Alagamentos:** acúmulo de água em determinados locais em cidades com sistema de drenagem insuficiente, somado à falta de infiltração natural nos solos, resultante da compactação e impermeabilização do solo, da pavimentação de ruas e calçadas, do desmatamento de encostas, do assoreamento dos rios em território urbano e do acúmulo de detritos em galerias pluviais e em canais de drenagem. Cidades mal planejadas ou com crescimento descontrolado são os locais mais comuns desses eventos; em algumas delas, as enxurradas e os alagamentos podem acontecer em conjunto. Nas cidades litorâneas, a ação das marés altas pode ser um agravante aos efeitos dos alagamentos. Em geral, seus efeitos são similares aos das enxurradas, sendo suas ações de prevenção também similares, como o mapeamento das regiões prováveis dos episódios, a recuperação de áreas de riscos e o melhor planejamento da ocupação do solo.

4. **Inundações litorâneas provocadas pela brusca invasão do mar:** desastres secundários consequentes de vendavais e tempestades marinhas, ciclones tropicais, trombas-d'água ou fortes ressacas, assim como em casos de *tsunamis* nas costas com pouca elevação ou em ilhas rasas, causando danos e prejuízos materiais e humanos. Mais uma vez, as formas de prevenção são o mapeamento das regiões prováveis dos desastres,

a recuperação de áreas de risco, obras de contenção, proteção e melhor planejamento da ocupação do solo.

Castro (2003) destaca as principais ações de prevenção a esses eventos adversos, reunidas no Quadro 3.2.

Quadro 3.2 – Medidas de prevenção a inundações

| Ação | Descrição da ação preventiva |
|---|---|
| Previsão de inundações | Elaboração de um sistema de previsão de inundações para redução da vulnerabilidade. |
| Zoneamento | Definição e mapeamento das áreas de risco, com o zoneamento urbano, periurbano e rural das regiões de possível ocupação segura e ambientalmente correta. |
| Habitações diferenciadas | Construção de habitações adaptadas a cada região, desde que passível de ocupação. |
| Manejo de microbacias | O manejo integrado das microbacias preserva a flora e a fauna silvestres, além de garantir a biodiversidade, auxiliando no controle de pragas. São ações o reflorestamento de encostas, o terraceamento, a recuperação e/ou formação das matas ciliares, a rotação racional das culturas, a construção de bacias de captação. |
| Obras de infraestrutura | Obras de perenização e controle das enchentes, com construção de canais que liguem as bacias e sirvam de extravasores e controle dos caudais, construção de barragens reguladoras das grandes bacias e de diques de proteção, muros de arrimo, entre outras. Medidas que diminuam o volume de sedimentos transportados pelos cursos de água, regularizando a alimentação dos lençóis freáticos e dos fundos de vale. |
| Obras de dragagem e drenagem | Obras de desassoreamento ou de dragagem que aprofundem as calhas dos rios, aumentando o fluxo da água, atenuando a dimensão das cheias e aumentando a drenagem das regiões próximas. Obras de desenrocamento com a retirada de rochas dos canais para otimizar as obras de desassoreamento. Obras de canais de derivação, usados para auxiliar as bacias hidrográficas de drenagem. |

Fonte: Adaptado de Castro, 2003.

- Desastres naturais por redução intensa das precipitações hídricas

Desastres envolvendo a redução das precipitações hídricas são situações de queda da umidade atmosférica, estiagens, secas e incêndios florestais. Observemos as características de cada um desses eventos, pois podem ocorrer em todo o território brasileiro em maior ou menor intensidade.

*Figura 3.4 – Desastres naturais por redução intensa das precipitações hídricas – Incêndio florestal*

A queda intensa da umidade relativa do ar ocorre em áreas de planalto continental. No Brasil, encontramos esse cenário no semiárido do Nordeste e no planalto do Centro-Oeste, atingindo cidades da região, como Goiânia e Brasília. Esse evento ocorre com maior intensidade no país entre os meses de junho e setembro, época em que a umidade relativa do ar diminui drasticamente. Essa oscilação na umidade pode causar danos à saúde. O ar seco provoca a evaporação rápida da umidade e resseca as vias respiratórias, que ficam mais suscetíveis às infecções. Também há efeitos negativos quando ocorre o oposto, ou seja, em casos de umidade em demasia, visto que isso dificulta os mecanismos de controle da temperatura corporal. A umidade do ar constitui-se em fator relevante para as indicações atmosféricas: quando alta, indica a formação de névoa, neblina, chuva ou neve; quando baixa, facilita a ocorrência de incêndios.

Esse fenômeno é medido cientificamente pela relação entre a quantidade de vapor-d'água encontrada na atmosfera e a quantidade máxima que poderia ser encontrada na mesma temperatura. É medida em porcentagem, de 0% a 100%, podendo ultrapassar esse valor máximo quando se torna saturada. Os índices abaixo de 40% facilitam os incêndios. Com relação à saúde humana, os índices próximos de 30% causam sensação de desconforto; quando próximos de 15%, além do desconforto, é registrado o aumento de óbitos por desidratação e por doenças respiratórias. Portanto, aconselham-se a interrupção de trabalhos ou atividades físicas ao ar livre nos horários mais quentes do dia quando nessas condições; a ingestão de líquidos e alimentos leves; a utilização de vestuário adequado; e a atitude de evitar o uso em excesso do ar condicionado. Outras ações mais abrangentes de longo prazo são necessárias para melhorar as condições da população de forma geral.

As reservas hídricas devem ser protegidas, e o avanço da ocupação demográfica nessas áreas deve ser limitado. A cobertura vegetal deve ser largamente utilizada em encostas íngremes, ao redor das nascentes, nas margens dos cursos de água e em outros locais, para reduzir a incidência dos raios solares diretamente na superfície. Também devem ser previstas ações de urbanismo, como a construção de edificações com o pé-direito mais alto que o usual, portas e janelas localizadas em locais que facilitem a ventilação cruzada, telhados que também facilitem a circulação do ar e a reflexão solar e o cultivo de vegetação arbórea.

O fenômeno da estiagem consiste no atraso das chuvas e na queda dos níveis dos reservatórios hídricos, o que traz consequências negativas ao campo e à cidade e aumenta os efeitos causados pela queda da umidade do ar. Para mitigar seus efeitos, são necessárias ações de infraestrutura, como o manejo das microbacias tanto no campo como em biomas urbanos e o plantio direto das lavouras, técnica de plantio que contribui para a redução de 30% da perda de umidade e reduz o consumo de água e mão de obra, diminuindo em até 50% o uso de maquinário no campo e em média 60% das perdas por erosão.

Quando a estiagem se prolonga, ela se transforma no fenômeno da seca, que, no Brasil, atinge principalmente o semiárido nordestino. Esse fenômeno é causado pela falta ou insuficiência de chuvas, o que resulta no esgotamento da umidade do solo e no declínio dos níveis de água subterrânea, fazendo padecer todos os seres vivos da região onde ocorre. Em anos que sucedem o fenômeno El Niño, os efeitos da seca são agravados e sentidos por todo o país. Seus efeitos sociais são bem desfavoráveis, desencadeando o estrangulamento econômico da região somado à redução da qualidade de vida da população e aumentando as situações de óbitos infantis, de idosos e enfermos. Na tentativa de reverter essa situação, esforços constantes do governo brasileiro são dispensados às regiões por meio de programas que buscam reduzir a vulnerabilidade da população do Nordeste à seca e incentivar as potencialidades econômicas regionais.

Ações da Defesa Civil são tomadas para incentivar a formação de Coordenadorias Estaduais de Proteção e Defesa Civil (Comdecs), que buscam a mudança cultural e comportamental da sociedade em relação à seca, o desenvolvimento de pequenas empresas, indústrias e cooperativas de artesanato e para o agronegócio e a irrigação, bem como o aumento da oferta de água potável, por meio da conclusão e recuperação de pequenas obras hídricas, e a viabilização de saneamento básico e projetos de saúde para a população.

Os incêndios florestais são ocasionados pela propagação do fogo em florestas ou cerrados e caatingas nos períodos de estiagem ou seca. Eles geralmente se iniciam pela vegetação rasteira ou por gramíneas, arbustos, folhas mortas, líquens e cascas de árvores secas, entre outros corpos de fácil inflamação, como papel. Em seguida, alastram-se pelas árvores, e a situação se agrava quando encontram pela frente algumas espécies grandes produtoras de resina, que são substâncias altamente inflamáveis, tornando-se mais perigosos e agressivos.

Seguindo os estudos de Monteiro (2004), podemos apontar algumas causas que podem levar a um incêndio e são resultado de ações ou omissões humanas. As queimadas para abertura de área para ocupação na Floresta Amazônica, por exemplo, mesmo que se considere estarem sob controle, podem se transformar em uma grande catástrofe. Existem também causas de origens naturais, como raios, reações químicas espontâneas ou a incidência de raios solares em estilhaços de vidros deixados pelo chão, que funcionam como lentes e são capazes de iniciar um incêndio. Os fatores que agravam a propagação de um incêndio e a perda de seu controle estão diretamente ligados à quantidade e ao estado (seco ou ressecado) do material combustível, somados às condições climáticas, como umidade relativa do ar baixa, temperatura elevada e a velocidade e direção dos ventos.

A espécie de vegetação e a topografia da região também são agravantes. As consequências de um incêndio florestal são várias: danos materiais e ambientais, relacionados à destruição de árvores, à redução da fertilidade do solo e do material orgânico, à supressão da biodiversidade e da fauna, à facilidade da ocorrência de erosão, à destruição das vegetações no entorno de olhos-d'água e nascentes, além das perdas humanas, fatais ou com sequelas muitas vezes irreversíveis. O fenômeno, portanto, pode ser devastador. Suas formas de prevenção se dividem em quatro frentes: medidas de longo prazo, médio prazo, combate ao fogo e rescaldo ou pós-incêndio.

Algumas das **medidas de longo prazo** consistem na construção de aceiros (ruas) que separam alguns trechos de mata, faixas e barragens de água para dificultar que o fogo se alastre ou utilizadas como reserva para o combate ao incêndio, bem como o plantio de vegetações com menor poder incendiário em alguns locais estratégicos.

Entre as **medidas de médio prazo**, destacam-se a eliminação de material combustível e o monitoramento constante, com ênfase em épocas de maior probabilidade de ocorrência.

Após o início do incêndio, entram em ação as **medidas de combate** por meios diretos e indiretos. Os meios diretos são as tentativas de retardar ou eliminar a propagação das chamas mediante a utilização de água e abafadores manuais. Os meios indiretos são os aceiros preventivos e o emprego de aviões e helicópteros que atacam o incêndio, derramando água com uma mistura química. Com o incêndio controlado, têm início as **medidas de rescaldo** para controlar pequenos focos ou o reinício das chamas, com a ampliação dos aceiros e a derrubada de árvores e arbustos com potencial de queima, resfriando-os ou cobrindo-os com terra.

## Desastres naturais relacionados com a geodinâmica terrestre interna

O conjunto de fenômenos formado pelos desastres naturais que envolvem os movimentos internos do planeta é dividido por Castro (2003) em três categorias: com relação à sismologia, à vulcanologia e à acomodação do solo. O intemperismo e a erosão também estão incluídos nessa categoria geomorfológica. Aqui, daremos mais ênfase aos eventos ocorridos em território brasileiro.

A **sismologia** ou estudo dos terremotos consiste em registrar e analisar os tremores de terra. Ainda que o interior do planeta seja muito dinâmico e os tremores ocorram durante todo o ano, são poucos os percebidos na superfície, algo entre dez ou quinze, e os mais intensos ocorrem em locais pouco habitados ou no fundo de mares e oceanos, quando dão origem aos *tsunamis*, ondas gigantescas que invadem a costa dos continentes. Mesmo sendo mais comuns no Oceano Pacífico, os *tsunamis* também podem ocorrer em outros oceanos e mares e atingir as cidades litorâneas. No caso do Brasil, o fenômeno impactaria grande parte da população em razão da grande ocupação de cidades na faixa litorânea de norte a sul do país.

*Figura 3.5 – Desastres naturais relacionados com a geodinâmica terrestre interna – Terremoto*

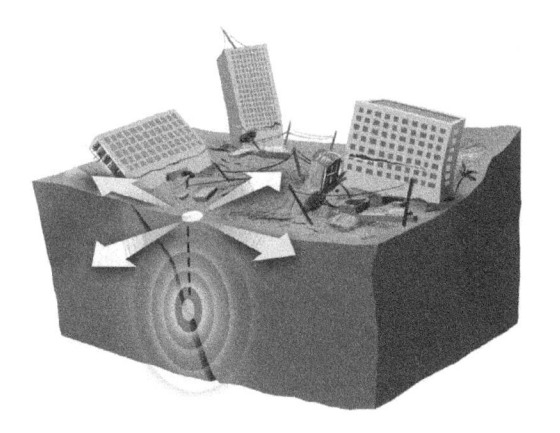

Os tremores estão intimamente ligados a regiões de atividade vulcânica. O local de ocorrência de um tremor no interior da Terra é denominado *hipocentro*. *Epicentro* é o local onde o tremor atinge a superfície com maior intensidade. Os tremores também são medidos e analisados em sua magnitude segundo a energia liberada. A escala mais comum é a Escala Richter, que inicia em 0,0 e termina em 8,9. Existe outra forma de medida, a Escala Mercalli, que varia de 1 grau a 12 graus, em que 1 significa imperceptível e 12 cataclisma (destruição total).

No Brasil, embora exista uma consciência popular de que esses eventos não aconteçam, foram registrados vários sismos de magnitude 5,0 e 5,5 graus na Escala Richter em várias regiões. A Região Nordeste é considerada a mais ativa, mas apresenta eventos de baixa magnitude, abaixo de 4,5 graus na Escala Richter, em que os danos são improváveis. Mesmo que os sismos em território brasileiro tenham seu hipocentro superficial, há uma exceção localizada no Estado do Acre, cujo hipocentro se encontra a mais de 500 km de profundidade. Castro (2003) alerta: "Apesar de o nível da sismicidade brasileira ser pouco alarmante, os estudos sísmicos devem ser considerados ao se planejarem determinados projetos de engenharia, como grandes barragens, centrais nucleares e outras obras de grande porte".

Existem áreas com maior vulnerabilidade ao terremoto: terrenos sedimentares, áreas de aterro e solos pouco preparados, que colocam em risco edificações com paredes muito espessas ou compactadas ou que usem material de construção com baixo grau de elasticidade e plasticidade. Outro cuidado consiste em averiguar se a construção de alicerces rasos e telhados com excesso de peso ou outras configurações pode afetar a estabilidade e o equilíbrio da estrutura. A prevenção à vulnerabilidade a esses eventos pode ser feita por meio de estudos sismológicos, mapeamento e zoneamento das regiões mais propícias, melhoria das construções e preparo do solo, além da implantação de programas de esclarecimento e treinamento das populações que possam ser afetadas por terremotos.

# Para saber mais

Consulte o *site* a seguir para saber mais sobre a Escala Richter, a Escala de Mercalli e os terremotos no Brasil.

BRANCO, P. de M. **Terremotos**. 18 ago. 2014. Disponível em: <http://www.cprm.gov.br/publique/Redes-Institucionais/Rede-de-Bibliotecas---Rede-Ametista/Canal-Escola/Terremotos-1052.html>. Acesso em: 3 fev. 2017.

A **vulcanologia** é o estudo dos vulcões. Esse fenômeno da natureza consiste em uma abertura na crosta terrestre por onde é expelido do interior do planeta material gasoso – o mais abundante –, líquido na forma de lava e sólido na forma de cinza, em todos os casos em altas temperaturas. Há vulcões espalhados por toda a Terra. No Brasil, existem apenas indícios de atividade vulcânica na região de Minas Gerais, em Poços de Caldas, no arquipélago de Fernando de Noronha e na região da Bacia do Rio Paraná, onde há solo de terra roxa, uma derivação da lava basáltica. Todos os eventos vulcânicos no território brasileiro são muito remotos, ocorridos há milhões de anos. Em regiões de vulcões ativos, a prevenção a seus efeitos é feita por meio de alertas para evacuação das pessoas e dos animais das áreas de risco e da formação de uma brigada local de Defesa Civil para agir em conjunto na proteção da vida.

Ao contrário dos vulcões, eventos envolvendo a **acomodação do solo**, a **erosão** e o **intemperismo** são muito recorrentes nas regiões brasileiras. Os desdobramentos desses fenômenos são conhecidos pela maioria da população. Os escorregamentos ou deslizamentos acontecem em terreno com relevo inclinado onde ocorre a movimentação de vários corpos e materiais, como rochas, vegetação, solo e construções erguidas nesses locais. Geralmente, são o resultado de construções mal planejadas ou desordenadas ou da retirada de matérias ou vegetação das encostas.

Em alguns países, os terremotos são os grandes causadores desses eventos; no Brasil, a infiltração de água no solo é a vilã, e seus efeitos são acentuados com as chuvas, resultando em danos e prejuízos materiais e físicos. Esses efeitos podem ser minimizados com a implantação do controle das águas, a redução das fossas sanitárias, a realização de obras de contenção e drenagem dos terrenos, o planejamento e controle mais eficiente da ocupação do solo e a não retirada da vegetação.

Os principais tipos de processos erosivos são: erosão laminar, linear, subsidência do solo, erosão fluvial e marinha. As erosões laminares começam com as chuvas, que carregam material dos locais altos dos terrenos e encostas, ocorrendo de forma gradual, porém acarretando grandes prejuízos ambientais, com o assoreamento dos rios e a retirada de solo fértil. As lineares são mais profundas e formam sulcos que modificam de forma danosa o relevo e, em casos extremos, causam erosões chamadas *boçorocas*, com dimensões suntuosas, alcançando 50 metros de profundidade, 30 metros de largura e 1.000 metros de extensão. Outro processo recorrente no Brasil são as subsidências do solo, que ocorrem no subterrâneo em depósitos de material calcário em decorrência da ação das chuvas, que penetram no solo, reagindo quimicamente com alguns componentes, removendo-os e formando cavernas e túneis subterrâneos. Como o processo é muito lento e a ação das águas é constante, o aumento do tamanho das cavernas e túneis deixa o peso dos tetos insustentável, ocorrendo o desabamento e o afundamento do solo, que forma bacias na superfície do relevo.

A erosão fluvial é aquela ocorrida em rios, em que a força da água causa o desbarrancamento das margens ou o fenômeno das terras caídas, erosões subterrâneas das margens que causam o desabamento das terras acima. Da mesma forma ocorrem as erosões marinhas nas regiões litorâneas, originadas pela ação das águas do mar, somada a outros fatores, que podem ser o próprio relevo, a ação dos ventos, as correntes marítimas, a existência de uma foz de algum rio no local, a intensidade das ondas e a altura das marés.

O soterramento causado pela formação de dunas de areia consiste em outro fenômeno dessa natureza, formado pela combinação entre águas oceânicas e a ação dos ventos, que modifica as bordas dos oceanos e forma praias e restingas, além de soterrar algumas regiões praianas, causando prejuízos e perda de edificações que estejam em seu caminho.

Esses desastres decorrentes da geodinâmica terrestre interna podem ser evitados, de forma geral, conforme sua origem, com o manejo adequado das microbacias, o plantio direto, obras de drenagem e contenção, o planejamento da utilização do solo e o plantio de vegetação adequada – medidas que encabeçam as listas de medidas preventivas.

### 3.1.2 Desastres antropogênicos

Na sequência, vamos tratar das categorias de desastres antropogênicos, a saber: tecnológicos, sociais e biológicos.

#### ■ Desastres antropogênicos tecnológicos

Os desastres de origem **antropogênica** ou **causados pela ação humana** são aqueles que ocorrem por motivo de intervenções do homem na natureza ou, em alguns casos, por sua ausência. Os desastres antropogênicos de natureza tecnológica podem ser classificados em:

» **desastres siderais de natureza tecnológica**, como o lançamento de satélites artificiais e seus veículos de transporte, os quais podem cair de volta na Terra de forma inesperada e não planejada;

» **desastres relacionados com meios de transporte sem menção de risco químico ou radioativo**, que são os desastres ocorridos nos corredores de transporte aéreo, ferroviário, fluvial, marítimo e rodoviário;
» **desastres relacionados com a construção civil**, que podem ocorrer durante as obras ou após sua conclusão e entrega, podendo atingir as habitações, destruindo-as ou danificando-as; incluem-se os acidentes de trabalho no período de construção e os casos relativos a problemas de fundação, do solo, estruturais, consequentes do rompimento de barragens;
» **desastres relacionados com incêndios**, como os ocorridos com combustíveis, óleos e lubrificantes; podem ocorrer em meios de transporte, terminais de transporte, instalações industriais e edificações com grande densidade de usuários;
» **desastres relacionados com produtos perigosos** quando envolvem riscos de intoxicações exógenas, explosões e contaminações, tanto com produtos químicos como com produtos radioativos; podem acontecer durante seu transporte, produção, depósito ou utilização, comercial ou doméstica, podendo alcançar o sistema de água;
» **desastres relacionados com a concentração demográfica e com riscos de colapso ou exaurimento de energia** e de outros recursos e/ou sistemas essenciais.

*Figura 3.6 – Desastre antropogênico tecnológico – explosão em plataforma de petróleo*

curraheeshutter/Shutterstock

Esses desastres são causados pelos efeitos colaterais do desenvolvimento tecnológico e industrial, em virtude da ausência de planejamento e preparo em relação aos riscos da atividade realizada. Outra causa é a ocupação das áreas sem discriminação e sem a observação de critérios básicos de saneamento e planejamento urbano, onde os desastres com meio de transporte, produtos perigosos, incêndios e explosões são riscos iminentes.

A fundação, a construção e o desenvolvimento de uma cidade sem planejamento, por exemplo, podem se constituir em um grande e latente meio para ocorrências de desastres. E isso é uma realidade no Brasil e no mundo. Alagamentos e inundações são recorrentes nas cidades mal planejadas e que crescem de forma explosiva, dificultando a execução de obras de saneamento, drenagem e escoamento das águas pluviais. Também é fator de risco a ocupação de área abaixo das demarcadas como áreas de cheias normais de rios e riachos, caso em que um desastre não pode ser chamado de *evento adverso*, uma vez que a ocorrência das cheias é notória; trata-se mais de um problema de omissão humana com o zoneamento urbano.

A falta de planejamento e a dificuldade de resposta em tempo hábil ao crescimento tanto da população como do consumo acabam gerando a formação de aterros sanitários cada vez mais cheios, a instalação de construções irregulares ou que não respeitam as leis ambientais, o crescimento desordenado de muitas cidades e a grande e maciça concentração de pessoas em algumas regiões em busca de uma vida melhor, que muitas vezes se obrigam a ocupar terrenos irregulares, encostas e marginais dos rios, esgotando a capacidade do ecossistema de acomodá-las e suprir suas necessidades. A cobertura do solo com asfalto e cimento forma uma bacia vedada que, na época do ano em que as chuvas se intensificam, causa as enchentes. Além de ocasionar prejuízos materiais e mortes, as enchentes propiciam a proliferação de doenças e lixo por onde passam. A situação se agrava com o descarte de esgoto doméstico e industrial sem tratamento no meio ambiente.

Como vimos, os riscos por causas humanas estão relacionados à forma de interação com o meio ambiente, de utilização de seus recursos, de ocupação de algumas áreas, de descarte do que não é mais necessário, gerando danos para o meio ambiente e para a própria humanidade. A construção de uma barragem para acumular água, para tratamento e utilização doméstica ou na produção ou, ainda, para geração de energia elétrica, é um exemplo de caso em que a humanidade cria um risco onde não havia. A pavimentação de ruas e calçadas públicas e privadas nas cidades gera um efeito impermeabilizante, dificultando a absorção das águas das chuvas pelo solo, o que causa enchentes e acúmulo de água em lugares indesejáveis.

## ■ Desastres antropogênicos sociais

Desastres humanos sociais são originários do desequilíbrio entre as relações da sociedade e o ecossistema natural. Entre seus desdobramentos estão a fome e a desnutrição da população. Fatores econômicos, políticos e culturais são considerados nesse contexto, como o desemprego, a marginalização social, a violência, a criminalidade e o tráfico de drogas, exemplos claros de eventos que geram desastres muitas vezes velados aos olhos da sociedade.

*Figura 3.7 – Desastre antropogênico social – bomba atômica lançada sobre Nagasaki, Japão, 1945*

Everett Historical/Shutterstock

A classificação de tais desastres está relacionada com:
» **Ecossistema**: desastres oriundos de desmatamentos e da má utilização do solo para habitação, agronegócio e indústria; ocorrência de incêndios e destruição da flora e da fauna de forma intencional.
» **Convulsão social**: desastres originados da vulnerabilidade cultural e social, do agravamento do desequilíbrio socioeconômico, da fome e da desnutrição, do desemprego, do grevismo generalizado, da marginalização, do tráfico de drogas intenso e

generalizado, do terrorismo, entre outros pivôs; podemos observar nesse fenômeno o descrédito e a insatisfação da população em relação às elites políticas e dirigentes, a desesperança, o clima de violência e insegurança coletiva.

» **Conflitos bélicos**: desastres decorrentes de guerras internas, civis e revolucionárias, guerrilhas, guerras biológicas e nucleares. A Defesa Civil não se envolve diretamente em ações de ataque e contra-ataque nesses casos, pois foge de seu objetivo. São ações da Defesa Civil estimular a construção de abrigos subterrâneos, o controle de sinistros, ações de busca e salvamento, evacuação médica, remoção de escombros, administração de refugiados, entre outras ações dessa natureza.

## ■ Desastres antropogênicos biológicos

Os desastres biológicos acontecem pelo subdesenvolvimento e são agravados pela pobreza nas comunidades. Fatores como a deficiência dos órgãos promotores da saúde pública, a falta de informação à população e a falta de saneamento e serviços públicos facilitam a proliferação de males, como a malária, a cólera, a Aids, a dengue e a gripe H1N1. Esses desastres surgem quando ocorre o surto intensificado, que foge ao controle dos organismos de saúde pública, levando a epidemias.

*Figura 3.8 – Desastre antropogênico biológico – mosquito* Aedes aegypt, *vetor de doenças como dengue, febre amarela, chikungunya e* zika vírus

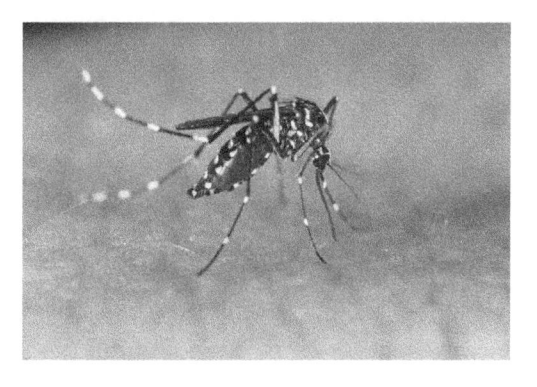

Tacio Philip Sansonovski/Shutterstock

A situação se agrava quando se soma a outros desastres, que dificultam ainda mais o controle de desastres biológicos em um cenário já em desordem e onde é notória a situação de vulnerabilidade a tais riscos, como os países pobres ou em desenvolvimento, onde boa parte da população pode estar desprovida de infraestrutura de saneamento e serviços de saúde pública. Há ainda locais onde o nível de resposta a esses eventos não ocorre de forma satisfatória ou onde houve uma ruptura do equilíbrio ecológico, o que tende a intensificar endemias e epidemias, que são, respectivamente, doenças que acometem determinada região e aquelas que ultrapassam uma região definida.

Para catalogar tais desastres, são utilizados os mecanismos de transmissão das enfermidades que os caracterizaram. Assim, adota-se a seguinte classificação de desastres humanos relacionados a doenças, salientando-se que destacamos aqui as mais comuns à América do Sul:

» **Transmitidas por vetores biológicos**: dengue, *zika*, *chikungunya*, febre amarela, leishmaniose cutânea e visceral, malária, peste, tripanossomíase americana (doença de Chagas) e africana (doença do sono);

» **Transmitidas pela água e/ou por alimentos**, que podem ser consequências de outros desastres, como enchentes e inundações: amebíase, cólera, diarreia aguda ou por *Escherichia coli*, salmonelose, febre tifoide, febre paratifoide, shigeloses, intoxicações alimentares, hepatite A, poliomielite (paralisia infantil).

» **Transmitidas por inalação**: coqueluche, difteria, gripe ou *influenza*, meningite meningocócica, sarampo, tuberculose.

» **Transmitidas pelo sangue e por outras secreções orgânicas contaminadas**: hepatite B e C, Aids e outras doenças sexualmente transmissíveis, como sífilis, infecção gonocócica, uretrites não gonocócicas, cancro mole, candidíase genital, tricomoníase.

» **Transmitidas por outros mecanismos ou pela somatória de mecanismos de transmissão**: leptospirose, raiva, tétano, esquistossomose.

As medidas de combate em casos de surtos epidêmicos são: vacinação em massa da população; imunização dos animais hospedeiros que tenham contato com a população; aplicação de inseticidas e larvicidas eficientes nas localidades afetadas; uso de repelentes; medidas de saneamento e higiene em conjunto com atitudes das comunidades e do Poder Público para eliminar os focos larvários e combater aos vetores; triagem de doadores de sangue; monitoramento da água potável; pasteurização ou fervura do leite; ingestão de alimentos preparados e conservados de forma adequada. Nos casos de doenças causadas pela inalação, somam-se aos cuidados anteriores a não permanência em locais com superlotação de pessoas e a ventilação em locais fechados.

### 3.1.3 Desastres mistos

Por fim, vamos tratar das categorias de desastres mistos, que podem estar relacionadas à geodinâmica terrestre externa ou interna.

■ **Desastres mistos relacionados com a geodinâmica terrestre externa**

São desastres mistos relacionados com a geodinâmica terrestre externa aqueles que ocorrem pelo agravo de um fenômeno natural em decorrência da ação ou omissão humana. São fenômenos meteorológicos e/ou hidrológicos ocorridos na ionosfera e na atmosfera. Na **ionosfera**, por exemplo, temos a redução da camada de ozônio. Na **atmosfera**, temos o desequilíbrio do efeito estufa, com a emissão de gases na geração de energia pela queima de combustível e a poluição do ar, que também geram as chuvas ácidas, causadas por gases emitidos pelos automóveis: a água ($H_2O$) reage com o trióxido de enxofre ($SO_3$) formado pela queima do enxofre do combustível fóssil em contato com oxigênio do ar ($O_2$), resultando em ácido sulfúrico ($H_2O + SO_3 = H_2SO_4$).

*Figura 3.9 – Poluição do ar*

A inversão térmica é mais um exemplo dos fatores relacionados com a geodinâmica terrestre externa. Em suma, o fenômeno ocorre quando uma camada de ar quente impede que uma camada de ar frio circule normalmente, ficando estacionária e impedindo que contaminantes presentes no ar se dissipem, o que os força a ficar nas camadas da atmosfera mais próximas do solo, aumentando, assim, a poluição ambiental do ar. Costuma ocorrer em regiões onde o índice de poluição do ar é elevado.

## ▪ Desastres mistos relacionados com a geodinâmica terrestre interna

*Figura 3.10 – Desertificação*

No caso de desastres mistos relacionados com a geodinâmica terrestre interna, são potencializados os fenômenos naturais relacionados a fenômenos geomorfológicos de **origem tectônica** (sismológica) ou à **erosão** e ao **intemperismo**, que, aliados a ações de agentes atmosféricos e biológicos, degradam e decompõem os minerais nas rochas.

No Brasil, a sismicidade artificial ou induzida tem origem nas construções de barragens, reservatórios e lagos artificiais, bem como nas explosões subterrâneas para remover camadas do subsolo para posterior estudo do solo com o objetivo de encontrar reservas de petróleo e minerais, o que pode resultar em cavernas ou na acomodação do solo, tanto na retirada quanto no depósito de material nesses locais. Com relação à erosão e ao intemperismo, podem acelerar a desertificação e a salinização do solo, que são causas naturais. Esses são os principais desastres em território brasileiro.

A Classificação e Codificação Brasileira de Desastres (Cobrade) sofreu adaptação para acompanhar o Banco de Dados Internacional de Desastres, do Centro de Pesquisa sobre Epidemiologia de Desastres (Cred), vinculado à Organização Mundial de Saúde/ Organização das Nações Unidas (OMS/ONU), aumentando a sinergia com os outros países e órgãos de gestão de desastres do mundo. Com essa adaptação, os desastres foram divididos em 82 tipos, padronizando-se o registro das ocorrências e viabilizando-se a busca por essas informações em todo o território nacional. A Cobrade gerou códigos específicos para cada evento de desastre para serem utilizados no preenchimento dos documentos oficiais, como a Ficha de Identificação de Desastres (Fide), necessários para solicitação de recursos.

## Para saber mais

Para conhecer a tabela do Cobrade na íntegra, acesse o *link* indicado a seguir.

COBRADE – Classificação e Codificação Brasileira de Desastres. Disponível em: <http://www.mi.gov.br/c/document_library/get_file?uuid=f9cdf8bf-e31e-4902-984e-a859f54dae43&groupId=10157>. Acesso em: 3 fev. 2017.

## 3.2 Intensidade dos desastres

Segundo Castro (2007), a **intensidade** de um desastre depende da interação entre a magnitude do evento adverso e a vulnerabilidade do sistema ou corpo receptor, ou seja, o grau de resistência à adversidade. Podemos afirmar, em outras palavras, que a intensidade de um desastre depende da relação entre sua magnitude e o grau de vulnerabilidade dos atingidos. Para quantificar o desastre, são considerados os danos e os prejuízos deixados por ele.

Um desastre de grande intensidade pode evoluir para uma calamidade pública, que é algo de maior abrangência, que atinge mais pessoas e causa maior dano ao local onde se instala (Carvalho, 2012). "**Estado de calamidade pública** é o reconhecimento pelo poder público de situação anormal, provocada por desastres, causando sérios danos à comunidade afetada, inclusive à incolumidade ou à vida de seus integrantes" (Estado..., 2010, grifo do original).

Segundo Carvalho (2012), o reconhecimento legal pelas autoridades públicas competentes depois de analisada a situação oficializa o estado de calamidade pública, causado por situação anormal, provocada por desastre, e que acarreta sérios danos à comunidade afetada, à incolumidade e à vida dos que ali residem ou trabalham.

Com relação à intensidade, os desastres podem ser divididos em quatro níveis (Brasil, 2002):

1. Desastres de pequeno porte ou acidentes (Nível I);
2. Desastres de meio porte (Nível II);
3. Desastres de grande porte (Nível III);
4. Desastres de muito grande porte (Nível IV).

Castro (2007) concorda com essa classificação e especifica:

» **pequeno ou acidental**: desastres de baixo impacto para a coletividade, quando é fácil a recuperação de danos e prejuízos; portanto, os locais afetados conseguem suportar melhor esses eventos e superá-lo com facilidade;

» **médio**: desastres cujos danos causados são mais expressivos e os prejuízos significativos, mas cujos efeitos as pessoas podem suportar se preparadas, informadas e envolvidas, sendo possível restabelecer a normalidade somente com os recursos existentes no município;

» **grande**: desastres cujos danos e prejuízos são consideráveis, porém, em uma localidade preparada e mobilizada, suportáveis e superáveis com a utilização de recursos locais, estatuais e federais;

» **muito grande**: desastres com graves danos e grandes prejuízos nos quais, ainda que a comunidade esteja mobilizada e preparada, não é tarefa fácil suportar os resultados produzidos, tampouco superá-los, fazendo-se necessário aporte consistente do poder público em todas as esferas e, às vezes, ajuda internacional.

O Centro de Estudos e Pesquisas em Engenharia e Defesa Civil da Universidade Federal de Santa Catarina (Ceped/UFSC), com base no Banco de Dados Internacional de Desastres do Centro de Pesquisa sobre Epidemiologia de Desastres (Cred), divide os desastres em dois níveis de intensidade:

» Nível I: desastres de média intensidade, os quais resultam em danos e prejuízos suportáveis e superáveis pela administração pública local, sendo necessário apenas o eventual aporte de recursos estaduais e federais.

» Nível II: desastres de grande intensidade, os quais resultam em danos e prejuízos não suportáveis e superáveis pelos governos locais, sendo necessários mobilização e recursos maiores, envolvendo todo o sistema nacional e, em alguns casos, acionando ajuda internacional.

Essa divisão em dois níveis obedece aos critérios de necessidade de recursos para restabelecer a normalidade e disponibilidade de tais recursos nos diferentes órgãos do Sistema Nacional de Proteção e Defesa Civil (Sinpdec). Para o Nível I, é decretada situação de emergência; para o Nível II, é decretado estado de calamidade pública.

## 3.3 Evolução dos desastres

Novamente, utilizaremos como base a classificação proposta pelo Ceped/UFSC (Furtado et al., 2014) por entendermos que é a mais abrangente. Ele divide a evolução dos desastres em duas categorias. A primeira se refere a **desastres súbitos ou de evolução aguda**, que se caracterizam pela velocidade e pela violência com que ocorrem. Esses desastres apresentam duas formas de ocorrência: inesperada e surpreendente, na qual predomina a imprevisibilidade, ou cíclica e sazonal, de fácil monitoramento. São exemplos de desastres dessa categoria: deslizamentos de terra, enxurradas, vendavais, terremotos, erupções vulcânicas e chuvas de granizo. A segunda se refere a **desastres graduais ou de evolução crônica**, os quais são consequência de ação contínua e gradual dos agentes degradantes. São exemplos: seca, erosão, poluição ambiental, estiagem e desertificação.

Em seu Manual de Defesa Civil (Margarida; Nascimento, 2009), o Ceped/USFC traz ainda uma terceira classificação para a evolução dos desastres: desastres por **somação de efeitos parciais**, que consistem em um grande volume de acidentes generalizados ou situações parecidas e cujos danos, quando reunidos e analisados ao término de um período, podem ser considerados um grande desastre, em razão das perdas e dos danos provocados. São exemplos: casos de infecção de malária, cólera e outras doenças; acidentes de trânsito por várias causas, como imprudência, negligência, imperícia, ingestão abusiva de bebidas alcoólicas e outras drogas lícitas e ilícitas; acidentes de trabalho.

A Figura 3.11 traz um resumo da classificação geral dos desastres.

*Figura 3.11 – Classificação geral dos desastres*

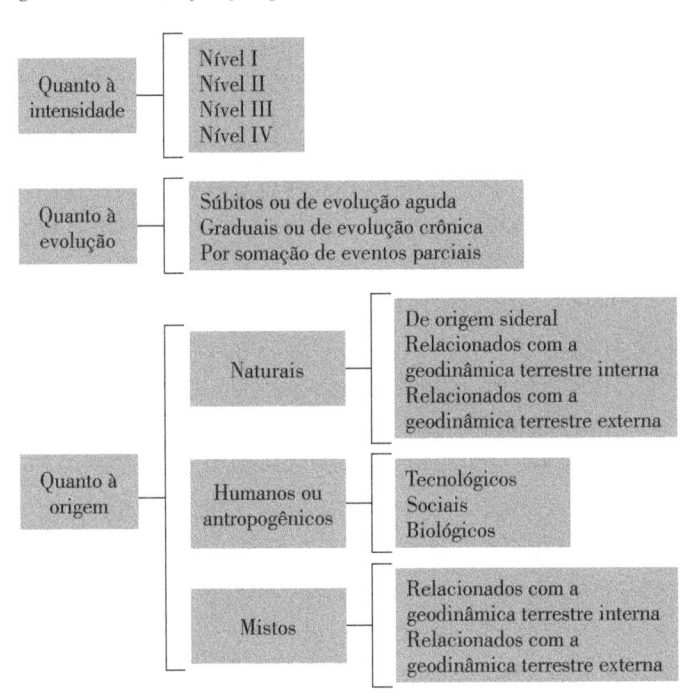

- Quanto à intensidade
  - Nível I
  - Nível II
  - Nível III
  - Nível IV

- Quanto à evolução
  - Súbitos ou de evolução aguda
  - Graduais ou de evolução crônica
  - Por somação de eventos parciais

- Quanto à origem
  - Naturais
    - De origem sideral
    - Relacionados com a geodinâmica terrestre interna
    - Relacionados com a geodinâmica terrestre externa
  - Humanos ou antropogênicos
    - Tecnológicos
    - Sociais
    - Biológicos
  - Mistos
    - Relacionados com a geodinâmica terrestre interna
    - Relacionados com a geodinâmica terrestre externa

Fonte: Adaptado de Margarida; Nascimento, 2009, p. 54.

## Para saber mais

Assista ao vídeo indicado a seguir, sobre ações preventivas em encostas, produzido pelo Instituto de Pesquisas Tecnológicas (IPT), e conheça as principais causas identificadas de deslizamento de terra.

IPT – Instituto de Pesquisas Tecnológicas. **Área de risco**: informação para prevenção. 24 jul. 2012. Disponível em: <https://www.youtube.com/watch?v=bhKWHx08jFA>. Acesso em: 18 dez. 2016.

## Estudo de caso*

O rompimento de barragens no Brasil e no mundo: desastres mistos ou tecnológicos?

O rompimento de barragens é uma modalidade de desastre consideravelmente reincidente na história da humanidade. Geralmente, é causado por dois fatores que atingem as estruturas físicas das barragens:

1. **Fenômeno natural**: desastre misto, quando as estruturas são acometidas por grandes tempestades ou terremotos (forças da natureza) que se somam às falhas na tecnologia humana.
2. **Erros no planejamento e execução da obra**: desastre tecnológico, quando há somente falhas no emprego da tecnologia humana.

De forma geral, as barragens são utilizadas com a função de reservatório de água para abastecimento das atividades humanas ou para retenção de rejeitos minerários. O Quadro 3.3 relaciona algumas das ocorrências de rompimento de barragens no mundo registradas no último século, por ordem cronológica.

---

\* Este estudo de caso foi elaborado com base em Alves (2016) e Belchior e Primo (2016)

*Quadro 3.3 – Rompimento de barragens no mundo no último século*

| Data | País | Nome e tipo de barragem | Causa primária | Tipo de dano |
|---|---|---|---|---|
| 12/3/1928 | Estados Unidos | St. Francis – abastecimento de água | Tecnológica – colapso por excesso de pressão de água na fundação | 450 óbitos |
| 02/12/1959 | França | Malpasset – abastecimento de água | Mista – excesso de chuvas somado a falha geológica | Mais de 420 óbitos |
| 09/10/1963 | Itália | Vajont – geração de energia | Mista – deslizamento de terra e rochas para dentro da barragem, causando transbordamento | Entre 2 mil e 2,6 mil óbitos |
| 08/08/1975 | China | Banqiao – geração de energia e controle e enchentes | Mista – tempestade somada a não cumprimento da obra – conforme estudos do hidrólogo Chen Xing, seriam necessárias 12 portas eclusas, mas foram feitas 5 | 25 mil óbitos |
| 25/09/1998 | Espanha | Boliden – resíduos de minério | Tecnológico – falhas estruturais apontadas não corrigidas | Poluição (Rio Guardiamar e morte de peixes) |

Fonte: Adaptado de Alves, 2016.

No Brasil, os eventos envolvendo o rompimento de barragens também são alarmantes, com atenção especial ao Estado de Minas Gerais, onde 6 delas se romperam nos últimos 15 anos. A situação se agrava por se tratar de um estado com grande exploração de minérios e grande quantidade de barragens, cerca de 754 unidades.

Conforme o relato do pesquisador do Instituto Nacional de Pesquisas Espaciais (Inpe) Luiz Carlos Molion, há ainda algumas características peculiares do terreno local, como a grande quantidade de cavernas, as quais acumulam água, fazendo pressão sobre o solo e causando acomodações de terra, podendo gerar pequenos abalos sísmicos, o que interfere nas estruturas, resultando em tensões desfavoráveis. No que se refere ao restante do território brasileiro, Molion aponta uma falta de estudos consistentes de sondagem e inspeção contínua das obras de barragem. No Quadro 3.4, listamos alguns exemplos de rompimento de barragens no Brasil.

*Quadro 3.4 – Rompimento de barragens no Brasil nos últimos 15 anos*

| Ano | Local | Nome e tipo de barragem | Tipo de dano |
|---|---|---|---|
| 2001 | Minas Gerais | Macacos – rejeitos minerários | 5 óbitos |
| 2004 | Paraíba | Camará – abastecimento de água | 5 óbitos e cerca de 3 mil pessoas desabrigas e desalojadas |
| 2007 | Minas Gerais | Rio Pomba/ Cataguases – rejeitos minerários | Mais de 4 mil pessoas desabrigadas e desalojadas |
| 2009 | Piauí | Algodões – abastecimento de água | Cerca de 24 óbitos/ desaparecidos e 2 mil pessoas desabrigadas ou desalojadas |

*(continua)*

*(Quadro 3.4 – conclusão)*

| Ano | Local | Nome e tipo de barragem | Tipo de dano |
|---|---|---|---|
| 2014 | Minas Gerais | Herculano – rejeitos minerários | 3 óbitos |
| 2015 | Minas Gerais | Fundão (Mariana) e Santarém – rejeitos minerários | 19 óbitos, 8 desaparecidos e 600 desabrigados ou desalojados. Interrupção de abastecimento de água de milhares de pessoas, poluição do Rio São Francisco e do mar no Espírito Santo. Interrupção das atividades pesqueiras e desdobramento dos efeitos no Turismo em Regência (ES) |

Fonte: Adaptado de Alves, 2016.

Para evitar esses eventos, são indicadas a implantação de uma fiscalização periódica com maior rigor, a adoção de estudos e técnicas estruturais mais eficientes e a instalação de sistemas de alerta e estruturas que sejam capazes de resistir aos impactos.

Vamos expor um resumo dos acontecimentos do caso do rompimento da barragem de Fundão, ocorrida em 5 de novembro de 2015. A barragem de rejeitos de mineração situada no município de Mariana (MG), de propriedade da Sociedade Anônima Samarco Mineração S/A e controlada pelas empresas BHP Billiton Brasil Ltda. (anglo-australiana) e Vale S.A. (Brasileira), rompeu-se e causou a erosão da barragem de Santarém, com o consequente derramamento de aproximadamente 50 milhões de metros cúbicos de material no Vale do Rio Doce, estendendo-se até o litoral do Estado do Espírito Santo. Esse caso já é considerado o maior desastre ambiental envolvendo barragem de rejeitos em território brasileiro. O fato causou a morte de trabalhadores da Samarco e de moradores das comunidades, bem como prejuízos econômicos e danos no abastecimento de água, segundo laudo técnico preliminar do Instituto Brasileiro de Meio Ambiente (Ibama).

Segundo o relatório elaborado pelo grupo Política, Economia, Mineração, Ambiente e Sociedade (Poemas), havia uma intenção por parte da Samarco em 2009 de instalar um plano de monitoramento 24 horas em suas barragens, implantar um sistema de alerta e qualificação de pessoal para assistir a população em caso de emergência e realizar simulações de situações de emergência com a população próxima às barragens, tudo adiado em razão da crise econômica. Em 2014, a empresa apresentou a versão do Plano de Ações Emergenciais, que previa apenas a participação do Distrito de Bento Rodrigues (Mariana).

Tal sistema de alerta emergencial para empreendimentos desse porte é obrigatório pela legislação ambiental. A situação impressiona ainda mais em virtude de uma reavaliação da Licença de Operações, solicitada pelo Ministério Público de Minas Gerais e realizada em 2013, que apontou o risco de rompimento da barragem de Fundão e das barragens de Santarém e Germano (a maior do complexo), as quais estavam em estágio de renovação desde 2013, aguardando a manifestação do órgão ambiental. Atualmente, relatórios e laudos ainda continuam a ser realizados, e podemos afirmar que o caso não foi inteiramente concluído.

> Com base no conhecimento adquirido no Capítulo 3, responda às seguintes questões:
> Quais são os fatores que, geralmente, atingem as estruturas físicas das barragens?
> Quais são as medidas a serem tomadas a fim de evitar o rompimento de barragens?

# Síntese

Neste capítulo, abordamos os vários tipos de desastres possíveis de ocorrer em solo brasileiro. Apresentamos as características mais importantes desses eventos, classificados conforme a origem, a intensidade e a evolução.

Vimos que, segundo a Classificação Geral dos Desastres e a Codificação de Desastres, Ameaças e Riscos (Codar), podemos dividir os desastres em três categorias: naturais, antropogênicos e mistos, cada uma com suas subdivisões. Os de origem natural relacionados com a geodinâmica terrestre externa se dividem em: de causa eólica; de procedência de temperaturas extremas; relacionados com o aumento das precipitações hídricas e com inundações; relacionados com a redução intensa das precipitações hídricas. Os desastres naturais decorrentes da geodinâmica terrestre interna estão associados a eventos sismológicos, vulcanismos e à acomodação do solo.

Os desastres de causas antropogênicas, ou seja, oriundas da ação humana, classificam-se em: tecnológicos, sociais e biológicos. Já os de origem mista podem estar relacionados com a geodinâmica terrestre externa ou interna.

Com relação à intensidade dos desastres, destacamos que esse fator depende da interação entre a magnitude do evento adverso e a vulnerabilidade do sistema ou corpo receptor. Os desastres podem ser divididos em quatros níveis de intensidade: nível pequeno ou acidental; nível médio; nível grande; nível muito grande.

Quanto à evolução dos desastres, vimos que o Centro de Estudos e Pesquisas em Engenharia e Defesa Civil da Universidade Federal de Santa Catarina (Ceped/UFSC) classifica-os em duas categorias: desastres súbitos ou de evolução aguda e desastres graduais ou de evolução crônica. Há ainda uma terceira classificação, a dos desastres por somação de efeitos parciais.

## Questões para revisão

1) Os desastres são resultado:
   a. somente de eventos adversos naturais.
   b. somente de eventos adversos provocados pelo homem.
   c. de eventos naturais provocados pelo homem.
   d. de eventos adversos naturais ou provocados pelo homem.

2) Os desastres podem ser classificados quanto aos seguintes fatores:
   a. origem, intensidade e evolução.
   b. origem, integração e evolução.
   c. intensidade, evolução e característica.
   d. intensidade, característica e origem.

3) Os desastres, quanto à origem, dividem-se em:
   a. naturais, antropomorgênicos e mistos.
   b. naturais, antropogênicos e mistos.

c. nativos, antropogênicos e mistos.

d. nativos, antropomorgênicos e mistos.

4) São exemplos de desastres naturais de causa eólica:
   a. vendavais, furacões e terremotos.
   b. vendavais, tempestades e neve.
   c. ciclones tropicais, furacões e tornados.
   d. ciclones polares, furacões e tornados.

5) O granizo se caracteriza, resumidamente, pela:
   a. precipitação sólida de gelo formado em nuvens *cumulonimbus*.
   b. precipitação líquida de água formada em nuvens *cumulonimbus*.
   c. precipitação sólida de gelo formado em montanhas *cumulonimbus*.
   d. precipitação líquida de água formada em montanhas *cumulonimbus*.

6) As geadas são formadas pelo congelamento do vapor-d'água:
   a. que cai em locais onde a temperatura ambiente está próxima de 0 °C.
   b. que cai em locais onde a temperatura ambiente está abaixo de –10 °C.
   c. suspenso na atmosfera, em locais com temperatura próxima de 0 °C.
   d. suspenso na atmosfera, em locais com temperatura próxima de –10 °C.

7) Os desastres antropogênicos tecnológicos são aqueles que ocorrem por motivo de:
   a. intervenções ou reação do homem em relação à natureza.
   b. intervenções ou omissão do homem em relação à natureza.

c. reação ou omissão do homem em relação à natureza.
   d. introdução ou reação do homem em relação à natureza.

8) A evolução dos desastres pode ser:
   a. sucinta ou aguda, gradual ou crônica.
   b. súbita ou aguda, grave ou crônica.
   c. sucinta ou aguda, grave ou crônica.
   d. súbita ou aguda, gradual ou crônica.

9) Desastres são resultados de eventos adversos, naturais ou provocados pelo homem. Como podemos classificá-los?

10) Quais são as duas categorias de desastres no que se refere a sua evolução?

## Questões para reflexão

1) Você presenciou ou sabe de algum desastre ocorrido em sua cidade (de causas naturais, humanas ou mistas)?

2) Você tem ciência dos prováveis desastres que podem ocorrer em sua cidade? Considera que sua cidade está preparada para responder com agilidade e eficiência aos desastres?

# IV

# Situações de crise ou emergência

## Conteúdos do capítulo:

» Como identificar o grau de risco em casos de crise.
» Nível de resposta em casos de crise.
» Fases mais comuns de uma crise.
» Elementos operacionais essenciais para a resolução de uma crise.

## Após o estudo deste capítulo, você será capaz de:

1. reconhecer o cenário de situações de crise ou emergência;
2. identificar as fases de uma crise;
3. entender as ações em uma situação de crise ou emergência.

A preservação da ordem é uma das bases da tranquilidade pública, porém, por muitos motivos, há conflitos e situações de risco na sociedade. Tais fatos precisam ser mediados e combatidos com uma resposta rápida, para que a ordem, a normalidade e a lei sejam restabelecidas, evitando-se que a situação se agrave e evolua para uma situação de crise. Podemos conceituar *crise* como todo incidente ou situação crucial não rotineira que causa desequilíbrio na normalidade e que pode ocorrer em qualquer setor ou atividade da vida humana.

Segundo Sá, Werlang e Paranhos (2008), situações de emergência e catástrofes naturais ou acidentes causam crises e traumas e colocam em risco a integridade física e emocional de pessoas, famílias ou grupos, que podem demandar auxílio no enfrentamento do trauma, para amenizar os efeitos negativos, desenvolver habilidades de enfrentamento e buscar novas opções e perspectivas de vida, ou seja, desenvolver sua capacidade de resiliência.

A Academia Nacional do FBI (Agência Federal de Investigação dos Estados Unidos) elenca três características comuns às situações de crise (Brasil, 2017). A primeira delas é a **imprevisibilidade**, o caráter não seletivo e inesperado, que faz com que qualquer pessoa ou instituição possa ser afetada a qualquer momento, em qualquer local e em qualquer horário, somente nos cabendo a prevenção e o preparo para agir assim que a crise acontecer.

A segunda é a **compressão do tempo**, o encurtamento do tempo da ocorrência por meio de técnicas e procedimentos que ajudam nesse sentido e de um processo rápido de tomada de decisão. Ocorrências de alta complexidade impõem ao comando ou gestor da situação grande responsabilidade e demandam agilidade e rapidez na tomada de decisões, mantendo-se o senso de urgência.

A última característica é a **ameaça à vida**, que é, na maioria das vezes, o ponto principal e decisivo e configura-se como elemento crítico, mesmo nos casos em que a própria vida do causador da crise está em risco – como em tentativas de suicídio e alguns acidentes com veículos ou de trabalho, quando a pessoa faz de si própria a vítima, agindo com imprudência, negligência, imperícia ou por distúrbio psicológico ou emocional.

São vários os elementos que precisam ser considerados no enfrentamento de uma crise, cuja solução pode demandar muitos recursos no esforço do melhor desfecho possível. Mesmo quando se trata de um evento de probabilidade relativamente pequena, as consequências de uma crise podem ser graves. Um clima de tumulto e estresse pode se instalar no local por maior que seja o esforço em manter a normalidade; portanto, o gerenciamento e o monitoramento devem ser constantes no intuito de mitigar esse efeito indesejável.

Diante dessas características, é necessário que o gerenciamento da crise atenda a três requisitos: postura organizacional não rotineira, que se adquire com o treinamento e o preparo da organização para agir em episódios dessa natureza; planejamento analítico especial e capacidade de implantação, para que se evitem erros ou insuficiência nas informações; considerações legais especiais, próprias de eventos emergenciais em que se necessita atentar à legislação do estado de necessidade, que Licastro (2016) define como "ato não culposo, necessário, praticado para salvar de perigo atual o corpo ou a vida do próprio agente ou de um paciente".

Dessa forma, a legítima defesa própria ou de outrem, conforme Santana Júnior e Gadelha Júnior (2006), é "um direito primário do homem", ou seja, "é um direito do indivíduo, por ele mesmo, por seus próprios meios e por sua própria força, proteger o bem jurídico da agressão injusta".

Deve ser observado o estrito cumprimento do dever legal, da responsabilidade civil, entre outros aspectos que possam ser campo de reflexão e parâmetros para agir corretamente e seguindo o ordenamento jurídico.

Podemos elencar exemplos de situações de crise: pânico em eventos planejados, como celebrações, desfiles, concertos, visitas de dignitários, competições esportivas, grandes aglomerações de público; desocupação de prédios e/ou áreas públicas ou privadas invadidas; raptos e sequestros; atentados terroristas; ações individuais, em bando ou efetuadas por quadrilhas organizadas que geram pânico na população e comprometem a ordem e a segurança pública.

## 4.1 Grau de risco de uma crise e nível de resposta

Estar ciente de uma crise e de seu local de ocorrência não é subsídio suficiente para tomar todas as providências necessárias. De posse dessas informações, são indicadas somente as iniciativas preliminares de reconhecimento e isolamento do local. Faltam ainda informações essenciais para o dimensionamento da crise, como a magnitude da situação e seu impacto, para que seja possível, então, planejar o atendimento conforme a prioridade, reunindo-se os insumos necessários para intervir na situação. Para tanto, deve ser realizada **a análise de risco,** divididas em três fases, conforme Doria Junior e Fahning (2008):

1. **Fase de identificação das ameaças**: quando é feito o reconhecimento do evento adverso que pode ocasionar ou já ocasionou danos, pondo em risco a vida, o patrimônio e o meio ambiente. Nesta etapa, pode-se utilizar o histórico de ocorrências ou a sinalização de sua probabilidade.

2. **Fase de avaliação**: quando são mensurados o risco quanto às consequências e a frequência de ocorrência, bem como sua provável abrangência e evolução. A partir desta fase, são iniciadas simultaneamente a tomada de decisão em relação à aceitabilidade de riscos e a estimativa dos prováveis danos e prejuízos, dos recursos necessários e do método de intervenção.
3. **Fase de hierarquização dos riscos**: hierarquização dos riscos e das prioridades de ação.

É necessário, portanto, averiguar e estabelecer o grau de risco antes de prosseguir com os trabalhos e movimentar recursos. Uma análise equivocada pode acarretar alocação incorreta de recursos para a situação que se apresenta, podendo ser insuficientes para a resposta ao incidente ou mesmo exagerados, prejudicando outros locais ou eventos que poderiam utilizar tais recursos – quando são deslocadas mais ambulâncias do que o necessário, por exemplo. Portanto, determinar o grau de risco é uma providência essencial ao gestor no direcionamento dos esforços e na otimização do uso dos recursos.

## 4.1.1   Classificação dos graus de risco de uma crise

Avaliar e classificar o grau de risco deve estar entre as primeiras providências a serem tomadas no gerenciamento de uma crise. Para determinar o grau de risco em uma situação adversa, o gestor deve obter informações sobre sua natureza, podendo, com base nelas, prosseguir com as ações e dar início ao dimensionamento da resposta e dos recursos necessários. O grau de risco depende de inúmeros fatores, e a possibilidade de risco zero é bastante remota.

Podemos classificar uma crise em quatro graus com relação à ameaça, expostos no Quadro 4.1.

*Quadro 4.1 – Graus de risco de uma crise conforme a ameaça*

| Grau | Classificação | Ameaças |
|---|---|---|
| 1º | Alto risco | Interrupção parcial ou total das atividades |
| 2º | Altíssimo risco | Ameaça concreta à vida |
| 3º | Ameaça extraordinária | Ameaça à vida ou à continuidade da intervenção que exijam respostas especializadas |
| 4º | Ameaça exótica | Ameaça que exija imediata resposta de recursos externos (agentes químicos, bacteriológicos, ambientais, por exemplo) |

Fonte: Adaptado de Lopes, 2006, p. 27.

São exemplos dessas ocorrências (Distrito Federal, 2011):

» tremores de terra;
» explosões;
» incêndios em edificações com grande densidade de usuários;
» incêndios em instalações e depósitos de inflamáveis e produtos perigosos;
» incêndios florestais em áreas de relevante interesse ecológico e que fujam ao controle dos órgãos que têm atribuições específicas nas intervenções;
» acidentes no transporte aéreo, rodoviário, ferroviário, aquático e metroviário;
» incidentes com produtos nocivos;
» acidentes em estruturas industriais;
» intoxicações coletivas;
» acidentes relacionados a substâncias e equipamentos radioativos;
» desastres relacionados à contaminação de mananciais e sistemas de abastecimento de água;
» desastres relacionados a riscos de colapso ou esgotamento de recursos energéticos;

- » desastres relacionados à construção civil: patologias das edificações, desabamentos de prédios, viadutos, pontes, entre outros;
- » rompimento de barragens;
- » tufões, tornados, vendavais, tempestades, alagamentos e inundações;
- » escorregamentos e deslizamentos de terra e subsidências de solo;
- » agente tóxico;
- » agentes nucleares ou radiológicos, químicos e biológicos (dejetos perigosos);
- » queimada rural;
- » rompimento de barragens, seja para acúmulo de água, seja para descarte de rejeitos de mineração, seja para expansão de área ocupável – como acontece na Holanda, que, no século XII, desenvolveu os diques, barragens feitas mar adentro para drenar o solo para o plantio.

Após a análise dos riscos, vem a pergunta: Como reagir em cada caso?

4.1.2   Níveis de resposta

É preciso observar que o nível de resposta a uma crise depende diretamente do nível de risco da ocorrência. Portanto, a correta avaliação da situação de risco é crucial para a resolução do conflito ou situação adversa. Feita a avaliação prévia, é possível determinar se será possível intervir com recursos disponíveis ou se será necessário auxílio extra, para então dar início aos procedimentos de atendimento. Caso perceba que não se dispõe de conhecimento suficiente ou equipamento adequado para lidar com o que está acontecendo, o gestor deve imediatamente buscar ajuda especializada, transmitindo as informações colhidas até o momento.

Para cada nível de risco, há um nível de resposta equivalente. Portanto, em conformidade com os graus de risco apresentados, são quatro os níveis de resposta, utilizando-se recursos escalonados, descritos no Quadro 4.2.

Quadro 4.2 – Níveis de resposta à crise

| Nível | Recurso | Descrição dos recursos da resposta |
|---|---|---|
| 1 | Locais | Equipes normais de atendimento à área são preparadas para atender a ocorrência classificada como rotineira. |
| 2 | Locais + locais especializados | Equipes normais da área, utilizando o plano de chamada, somam-se às equipes especiais, com treinamento diferenciado, integrantes da unidade de área, e juntas resolvem a situação. |
| 3 | Locais especializados + comando geral | As equipes e os recursos que atuaram no nível dois não produzem o resultado necessário, então intervém na situação a equipe especial da maior autoridade, podendo ser acionadas estruturas de várias secretarias do estado. |
| 4 | Locais especializados + comando geral + exógenos | As equipes e os recursos que agiram no nível três são auxiliados por equipes de profissionais de outros campos de atuação, que podem vir de órgãos estaduais, federais e/ou internacionais. |

Fonte: Adaptado de Doria Junior; Fahming ,2008.

Antes de qualquer coisa, em uma situação de crise, a autoridade local deve buscar conter a ameaça e fazer o isolamento que as condições permitirem, começando os trabalhos de intervenção ao incidente.

## 4.2 Fases de uma crise

A cada momento, é necessário que o gestor de uma crise tome decisões de ordens variadas. Para isso, tanto ele quanto sua equipe precisam estar preparados para enfrentar a situação e conhecer suas fases. Monteiro (2004), em seus estudos doutrinários sobre o assunto, demonstra que uma crise pode ser dividida em cinco fases, que se apresentam em ordem cronológica:

1. pré-confrontação;
2. resposta imediata;
3. plano específico;
4. resolução;
5. pós-confrontação.

A **fase de pré-confrontação** refere-se ao preparo anterior a um evento crítico. Neste momento, o gestor e sua equipe devem fazer os planejamentos administrativos da cadeia de recursos necessários e adequados para uma crise. Além disso, o gestor deve prover instruções e treinamentos operacionais às equipes, realizando simulações pertinentes em ambientes preparados ou não. Assim, nesta fase, realiza-se o aparelhamento antecipado, e todos se põem em estado de alerta caso tenha início algum evento dessa natureza. Também se faz necessário dispor de uma cadeia de recursos mínimos logísticos e materiais, que pode ser organizada da seguinte forma:

» **Aquisição de material especializado**: essa tarefa consiste em fazer o levantamento e a aquisição de materiais habitualmente utilizados, como veículos e equipamentos de proteção individual especializada, bem como outros que sejam pertinentes e que se mostrem úteis para a resolução do incidente. Essa tarefa deve ficar sob responsabilidade dos gestores e dos profissionais da área, pois, ao mesmo tempo que fazem o trabalho administrativo, aprimoram-se no conhecimento de novas tecnologias que possam auxiliar tanto na redução do tempo da intervenção como na preservação das vidas envolvidas no incidente.

» **Recrutamento e seleção dos membros integrantes das equipes**: essa tarefa pode se tornar difícil dependendo da organização interna das instituições para o atendimento das ocorrências. É recomendado que todas as instituições disponham de um grupo preparado a intervir em situações de crise. Monteiro (2004) define que as instituições tendem a responder e gerenciar as situações de duas formas, que podem servir de base para organizar as intervenções em várias instituições e organizações. A primeira forma consiste na abordagem casuística ou *ad hoc*, quando as instituições respondem ao incidente movimentando e reunindo as equipes caso a caso. Nessa abordagem, há risco de existir falha no entrosamento da equipe, de ocorrer déficit na eficiência e de não se constituir uma unidade de comando. A segunda abordagem é a permanente ou de comissão, quando os membros são selecionados antecipadamente e acionados assim que ocorre uma crise. Esse molde se mostra mais eficiente na definição dos papéis de gerenciamento, dado o maior grau de entrosamento entre seus membros, além de facilitar o entrosamento com os membros de outras partes que porventura venham a participar da resolução da crise.

» **Treinamento** – essa atividade é crucial para reduzir os erros e corrigir as falhas. O treinamento de pessoas consiste na realização de cursos teóricos e práticos, de capacitação ou especialização sobre as funções e princípios de intervenção em crises, entre outros que forem necessários para intervir em ocorrências de alta complexidade. Monteiro (1994, citado por Doria Junior; Fahning, 2008) lembra que as simulações são importantes para desenvolvimento da capacidade de tomar decisões e agir sob pressão. Aponta, ainda, a necessidade de fazer simulações das ocorrências, sugerindo que se treinem com mais enfoque as mais prováveis. A regularidade dos treinamentos individuais e em conjunto, não só das equipes, mas também de todas as pessoas do local, garante o bom desenvolvimento das ações e ajuda a estabelecer uma boa comunicação e relação entre todos. Outro ponto crucial seria a maior disseminação dos conhecimentos a respeito de gerenciamento de crises; para tanto, é necessário que se crie uma sistemática de propagação desses conhecimentos, além de treinamentos e simulações, que desenvolverão as destrezas e capacidades da instituição, dos grupos e de cada indivíduo.

» **Elaboração de estudos de caso**: nessa atividade são reunidos documentos, filmagens de ocorrências e todos os materiais que possam ser utilizados de modo didático para propagar ou rever os princípios gerais, atualizando-os ou adaptando-os à realidade local.

» **Roteiros de gerenciamento**: conjunto de procedimentos e normas reunidos e organizados de forma padronizada com o intuito de orientar quanto às ações a serem tomadas diante dos problemas encontrados e previstos que ocorrem com mais frequência. Com esse roteiro, fica mais fácil a coordenação das atividades, pois os participantes do enfrentamento da crise ficam cientes da rotina e podem se preparar e se posicionar em seus respectivos postos. Esses roteiros também são conhecidos como *planos de contingência* ou *planos de emergência*, que vimos no Capítulo 2. O roteiro deve abranger: os procedimentos que precisam ser tomados no primeiro contato com a crise ou situação adversa; a cadeia de comando e a unidade de comando; a notificação e reunião de pessoal; comunicações; atribuições de deveres e responsabilidades; táticas padronizadas.

Como vimos, o pré-confronto é todo o preparo que pode ser antecipado; portanto, as tarefas de preparos logísticos e de materiais podem ser providenciadas de modo simultâneo, com o intuito de reuni-los e prontificar a equipe para o embate o quanto antes. Em linhas gerais, o roteiro é confeccionado com os parâmetros apresentados aqui, mas pode haver muitos outros procedimentos a serem acrescentados, dependendo do evento que está na iminência de ocorrer ou que já se iniciou.

Após a fase de pré-confrontação, tem início a **fase de resposta imediata**. No roteiro de gestão, visto no item anterior, constam as respostas imediatas e as ações a serem tomadas nos incidentes. Na fase de resposta, as pessoas que trabalham no dia a dia nos locais costumam ser aquelas que fazem o primeiro contato em situações de crise e acionam os responsáveis para intervir. Portanto, eles são a primeira fonte de informações e já participam da resolução do problema, sendo primordial que conheçam o roteiro de gestão, tomem as medidas adequadas e consigam iniciar o preparo das ações posteriores e recolher o máximo de informações para repassar ao responsável, que, então, vai tomar suas decisões e orientar as intervenções. Monteiro (2004) ressalta que o sucesso na intervenção de uma crise está grandemente ligado a uma resposta imediata bem aplicada, correspondendo a cerca de 60% dele.

> Você pode estar se perguntando: Quais são as medidas adequadas a serem tomadas?

As respostas imediatas mais importantes são:
» conter a crise, impedindo que ela se propague e que haja vítimas;
» assegurar as posições mais seguras;
» passar todas as informações recolhidas sobre a ocorrência ao gestor e à central de comunicação de sua instituição;

» fazer o isolamento do ponto crítico com a utilização de cones e fita zebrada, solicitando-se que as pessoas se afastem do local indesejado;
» cortar a água e a energia elétrica, conforme o plano de contingência;
» buscar acalmar as pessoas e manter os ânimos no nível de normalidade.

A **fase do plano específico** é o início dos trabalhos de gestão em uma crise propriamente dita. É nela que se inicia a análise dos dados colhidos por parte do responsável ou profissional da área para identificar as melhores maneiras de enfrentamento, as táticas de operação, os recursos necessários, entre outros atributos pertinentes. É também neste instante que o evento adverso vai tomando características singulares.

Nesta fase, a intervenção é intensificada conforme o plano de contingência, de modo a encontrar a melhor solução para o evento, traçar estratégias, respeitar a legislação e as normas de segurança e, conforme o incidente, adaptar a área do perímetro de isolamento para a movimentação e acomodação de viaturas, caminhões de bombeiros, recursos de primeiros socorros, como ambulâncias, helicópteros e equipes médicas, mantendo-se o local organizado. É preciso garantir a segurança do local, na medida do possível, e zelar pela vida de todos, além de auxiliar no papel de desobstruir o trânsito do socorro especializado.

A penúltima fase é a **fase de resolução**, o objetivo maior da intervenção. Apesar de acontecer com formatos diferenciados, a solução é o resultado que se deseja alcançar. Para tanto, devem ser seguidas as diretrizes escolhidas no plano específico. Nesta fase, a emergência se aproxima do fim planejado na fase anterior, quando as informações foram analisadas, indicando-se o melhor desfecho, sem perder o controle da situação. Este também é um momento muito delicado no gerenciamento de crises e exige que o gestor tenha controle total da situação e disponha do entrosamento total com a equipe formada e com a unidade de comando, pois disso depende muito o sucesso da resolução.

Por fim, a **fase pós-confrontação** é aquela em que o local volta à normalidade, momento ideal para que se realize uma reunião com os envolvidos, em que se deve fazer uma breve avaliação e iniciar a desmobilização das equipes, além de redigir o registro do ocorrido, conforme a normativa pede. Segundo Cotta (2009), após a resolução do evento de defesa social de alto risco, o Protocolo de Intervenção Policial Especializada, que engloba eventos de atendimento aos riscos nos quais policiais e bombeiros podem estar envolvidos, deve servir de base para a análise das ações individuais de todos os envolvidos, a fim de que se aprimorem táticas e estratégias operacionais, proporcionando o amadurecimento de todos e despertando para a necessidade de planejamento efetivo, coordenação, controle e ações integradas. As informações resultantes da análise devem ser compartilhadas entre as instituições juntamente com as responsabilidades em tais eventos. Deve-se anotar o desfecho da situação, seus principais pontos e sua peculiaridade, em uma espécie de prestação de contas do que foi realizado no local, com o objetivo de que cada integrante reconheça sua importância na resolução de tais eventos.

## 4.3 Elementos operacionais essenciais

Os elementos operacionais essenciais são aqueles indispensáveis para a resolução satisfatória de uma situação de crise ou emergência e que se fazem necessários para formar adequadamente o cenário favorável à resolução satisfatória do evento. A estrutura que se forma no entorno da ocorrência deve estar em consonância com a natureza, a localização e o grau de risco do ponto crítico, podendo ser maior ou menor, requerer mais ou menos recursos materiais e de pessoal para ser mantida sob controle. O ponto crítico ou área quente, que será explicado a seguir, deve ser isolado da área livre, e o trânsito de pessoas e informações desnecessárias para a resolução do conflito ou emergência deve ser evitado. A determinação dos perímetros limitantes de espaços, a instalação do posto de comando e a definição das alternativas táticas são os itens considerados indispensáveis em tais ocorrências.

### 4.3.1 Perímetros e áreas/zonas de atuação

A organização do cenário pode ter início com a análise da localização e do grau de risco da emergência, para então começar a definir as áreas de isolamento utilizando-se os perímetros que as limitam. Os perímetros devem ser definidos e colocados, por mais difícil que essa tarefa se mostre, pois, se isso não ocorrer ou se forem mal dimensionados e ineficientes, o gerenciamento e a resolução da crise ou emergência ficam comprometidos. Os perímetros fazem a limitação das áreas propriamente ditas, onde se encontram os recursos envolvidos na situação que se apresenta, ficando determinado o local de sua permanência, diretamente relacionado com a necessidade de sua atuação. Essas áreas podem ser utilizadas em conjunto pelas diversas instituições envolvidas na crise ou emergência, que podem precisar agir simultaneamente, dependendo da situação.

*Figura 4.1 – Exemplo simplificado dos perímetros de situação de crise/emergência*

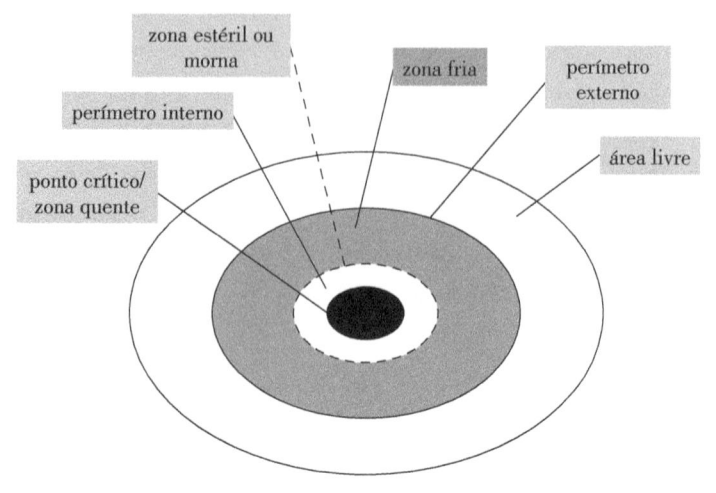

Fonte: Adaptado de Doria Junior; Fahning, 2008.

Os perímetros e áreas/zonas de atuação, também conhecidos como *áreas de segurança*, são aqueles limitados e sinalizados para conter e isolar o ponto crítico e, assim, gerenciar e resolver uma crise ou situação de emergência. Como ilustrado na Figura 4.1, essas áreas são: ponto crítico ou zona quente, zona estéril ou morna e perímetro de atuação interna, zona fria, perímetro de atuação externa e área livre.

O **ponto crítico** ou **zona quente** é o local onde está ocorrendo um incêndio ou colisão entre dois veículos, por exemplo. Por meio da análise desse local, é dimensionado e instalado o perímetro de atuação interno. Este, por sua vez, consiste em um cordão de isolamento logo após o ponto crítico, que é o limite com a zona estéril ou morna, como mostra a Figura 4.1.

Na **zona estéril** devem permanecer as equipes especializadas que vão combater o incêndio ou prestar socorro à vítima ou às vítimas. Por se tratar de uma área intermediária, é o local propício para que os profissionais se equipem, repassem orientações e realizem as últimas verificações dos equipamentos de segurança antes de ingressar na área quente. Os demais ocupantes da área devem ser convidados a se retirar, para que se evite a aglomeração desnecessária de pessoas, ficando uma equipe de segurança responsável por zelar pela área.

Na **zona fria** é instalado o posto de comando do gerente da crise. Também é onde ficam estabelecidos o grupo médico de emergência, o pessoal operacional do Corpo de Bombeiros militar e civil, motoristas, brigadistas convidados e outros que não estejam envolvidos diretamente na situação. Também é o local onde a imprensa pode entrar e colher informações. Nessa área, a segurança pode ser feita de forma mais amena e voltada ao não ingresso e permanência de pessoas não autorizadas. O **perímetro externo** é o limite entre a zona fria e a área livre, onde se encontram a mídia e todas as pessoas não envolvidas na resolução do problema.

No momento de estabelecer os perímetros do incidente, há uma situação a ser equilibrada. Por um lado, quanto maiores forem os perímetros, mais recursos serão necessários para mantê-los sob controle, o que cria dificuldades ao gerenciamento. Por outro, a necessidade de segurança e isolamento exige que o perímetro seja o maior possível. Portanto, a definição das áreas dos perímetros deve ser considerada caso a caso, e o critério mais importante para definição de seu tamanho é a dimensão do foco do incidente.

Por ser normal o surgimento de dúvidas e questionamentos por parte dos ocupantes das áreas que foram separadas para os trabalhos, é sugerido pela doutrina que, em casos de grande dimensão, o gerente da crise indique um assessor exclusivo para os assuntos ligados ao perímetro, pois a situação pode demandar diversos recursos de diferentes fontes, que necessitarão de apoio logístico no desenvolvimento de seu trabalho. A chegada da ambulância, do pessoal da companhia de eletricidade e da companhia telefônica pode acontecer simultaneamente, por exemplo, sendo a situação mais facilmente resolvida quando existe alguém para tratar especificamente de assuntos relacionados ao perímetro.

### 4.3.2 Posto de comando

O posto de comando é a sede de autoridade para as operações de campo, centralizando a chefia e o controle nas situações em que for necessária sua instalação. Nele é formada uma cadeia de comando organizada por divisão de trabalhos e tarefas predefinidos, com as funções de colher dados externos e internos, processar informações e conduzi-las no momento oportuno a quem delas necessitar ou a quem o comando decidir ajudar. O posto de comando tem ainda um papel logístico, apoiando as operações, fornecendo planos e deliberações e coordenando ações.

O posto de comando é essencial no andamento do gerenciamento de uma crise, por ser o local destinado ao encontro das informações e à tomada de decisões, das quais depende o sucesso das ações durante o evento. Nele se organizam as pessoas com postos de comando diferentes, pertencentes à mesma organização ou a várias entidades, e que podem, assim, articular ações e centralizar esforços e informações para formular as melhores alternativas.

As operações de campo requerem uma organização diferenciada e a coordenação de atividades múltiplas, dado o caráter de instabilidade de uma situação de crise e as várias mudanças latentes no foco do incidente. Para tanto, são listados os requisitos essenciais para o posto de comando de uma operação:

» **Comunicação**: refere-se a todo o aparelhamento necessário para comunicação interna e externa, como rádios transmissores de todas as instituições participantes, telefones e ramais com sistema de gravação para registro das negociações, televisores comerciais e de circuito fechado, quando necessários, quadros de situação, computadores, mensageiros para o caso de haver problemas com o sistema eletroeletrônico.

» **Segurança**: destina-se para pessoas hostis, para a mídia, para o público e também para membros das corporações que não estejam envolvidos na operação.

» **Acomodações**: são os locais específicos para cada tipo de atividade dentro do posto de comando. Podem ser divididas em: área de comunicações, área de reuniões de comando, área de reuniões com todo o pessoal, área de reunião com a mídia, área de entrega e guarda de materiais, área de atendimento de emergências médicas, área para estacionamento de veículos e heliponto, área de sanitários.

» **Proximidade do foco do incidente**: é essencial que o posto de comando (PC) esteja o mais próximo possível do ponto crítico para facilitar a gerenciamento e a tomada de decisões, fornecendo uma visão imediata e acesso rápido ao ponto crítico.

» **Acesso**: os participantes do posto de comando devem conseguir entrar e sair do local com segurança. Portanto, é indicado que ele seja instalado em local onde o acesso não apresente áreas perigosas ou arriscadas.

» **Tranquilidade**: sempre que possível, o posto de comando deve se localizar em local calmo, com pouco ruído e sem aglomeração de pessoas.

» **Isolamento**: o posto de comando deve estar em local estratégico e o mais próximo possível da situação, porém longe de barulhos e atividades desnecessárias e a uma distância que permita que as informações sejam filtradas. Assuntos que podem ser vistos em outra ocasião e que não tenham a ver com a situação devem ser barrados.

» **Distribuição de tarefas**: essa ação deve ser tomada o quanto antes, visto que viabiliza que fiquem no local somente as pessoas necessárias. O contato limitado a essas pessoas facilita a concentração e as tomadas de decisão do gestor. Isso também disponibiliza pessoas para outras áreas necessárias ou mesmo sua alocação nas áreas de espera.

## ▪ Elementos essenciais integrantes do posto de comando

Na organização de um posto de comando, é preciso observar a presença de alguns elementos essenciais, que se constituem em grupos com funções específicas, ordenados hierarquicamente.

A seguir, identificamos esses quatro grupos e suas respectivas funções.

1. **Elemento de comando**: é o comando da crise, exercido pelo gerente da situação. Tem as seguintes atribuições:
   » ser a autoridade máxima para todas as decisões e ações no local;
   » traçar a estratégia a ser usada no conflito ou situação de emergência;
   » tomar a decisão final e fazer as correções necessárias sobre os planos a serem implantados, tendo como base a necessidade, a aceitabilidade e a efetividade do risco;
   » delegar as funções dentro do posto de comando;
   » autorizar as ações, a menos que aconteça alguma ação inesperada e seja necessário empregar as chamadas reações de emergência por parte dos que estão no foco do incidente (o posto de comando tem de ficar o mais próximo possível do ponto de crítico, para acompanhar esses acontecimentos e poder reagir com ações necessárias de apoio ou intervenção);
   » supervisionar e coordenar as atividades do grupo de ação direta (GAD);
   » assegurar uma coordenação com seu substituto, quando necessitar desse suporte.

É necessário que o gerente da crise indique um subgerente, que será seu substituto, com as seguintes atribuições:
» substituir o gerente da crise em suas ausências;
» coordenar e dirigir os elementos de apoio;
» assegurar ao gerente da crise e a outros usuários do posto de comando o acesso a informações pertinentes e oportunas;
» garantir uma comunicação e uma coordenação eficientes entre os grupos e equipes de trabalho;
» assegurar a manutenção de relações adequadas com a mídia.
2. **Elementos operacionais**: são ligados diretamente ao gerente da crise para que haja melhor comunicação, sem intermediários, uma vez que exercem atividades de impacto imediato no foco do incidente e de suas ações depende a vida de pessoas.
   » Chefe da equipe de inteligência, com as seguintes atribuições:
      » coletar, processar, analisar e difundir informações relevantes e oportunas para os ocupantes do posto de comando;
      » desenvolver e assegurar a consecução de linhas de investigação segundo os dados coletados, mantendo um quadro atualizado sobre a situação e emitindo resumos periódicos ao gerente da crise e aos escalões superiores das organizações.
   » Chefe do grupo de ação direta (GAD): é o especialista que lidera os elementos operacionais nominados nas situações do GAD.
3. **Elementos de apoio**: desempenham as funções de coordenação das atividades de apoio com o objetivo de prover o posto de comando com recursos financeiros, administrativos e logísticos.
   » Coordenador, com as seguintes atribuições:
      » coordenar o apoio financeiro, administrativo e logístico juntamente com auxiliares e garantir recursos dessa

natureza para o bom funcionamento das atividades no posto de comando, facilitando o gerenciamento;
» manter o fluxo normal de papéis ou de burocracia necessário ao gerenciamento da crise, angariando funcionários de apoio, como digitadores, estenógrafos, rádio-operadores, entre outros;
» providenciar refeições e alojamentos aos participantes e articular o pagamento de bens e serviços solicitados no local pelo posto de comando;
» providenciar o ressarcimento de danos causados pelo pessoal em sua subordinação ou em caso de serviços de manutenção;
» prover e coordenar o sistema de transporte entre o local da crise e a sede das organizações que estejam envolvidas no incidente, bem como o transporte de equipamentos e demais insumos utilizados no local.

4. **Elementos de assessoria**: referem-se a funções desempenhadas por especialistas em determinadas áreas, cuja atuação é solicitada pelo gerente do evento: táticas especiais, vigilância técnica, mídia, legislação, medicina, epidemiologia, meio ambiente, energia nuclear, engenharia, tecnologia, entre outras que se fizerem necessárias para a resolução do problema, como no caso do Grupo de Apoio a Desastres (Gade), do Centro Nacional de Gerenciamento de Riscos e Desastres (Cenad).

### 4.3.3 Alternativas táticas

As alternativas táticas podem ser empregadas diretamente em uma situação de crise, agregadas conforme o nível da ameaça. Como vimos na Seção 4.1.2, a partir do nível 2 de resposta são empregados os grupos táticos especiais e profissionais treinados em algumas situações específicas.

Os grupos táticos são grupos com treinamento diferenciado e preparados para apoiar em ações específicas das situações de crise, como os negociadores, que fazem a intermediação entre os causadores da crise e o comandante de operações; os profissionais de resgate especializado, em altura, alto-mar e espaço confinado, por exemplo; os profissionais treinados para o uso de técnicas não letais de intervenção – um conjunto de métodos usados para resolver determinado litígio e preservar vidas em casos policiais – ou de equipamentos especializados de resgate, como helicópteros em casos de emergência médica.

## Para saber mais

Assista ao filme *Pânico no metrô* para familiarizar-se melhor com as situações de crises e emergência. Boa sessão!

PÂNICO no metrô. Direção: Anton Megerdichev. Rússia, 2013. 126 min.

## Síntese

Neste capítulo, abordamos as situações de crise e emergência, conceituadas por Sá, Werlang e Paranhos (2008) como eventos que causam traumas e colocam em risco a integridade física e emocional dos envolvidos, sendo necessária a intervenção de pessoas e órgãos preparados para resolvê-los.

Vimos que há três características comum às situações de crise: imprevisibilidade, compressão do tempo e ameaça à vida. É preciso considerar também vários outros elementos no enfrentamento de uma crise, como a necessidade de reunir muitos recursos para sua solução e a instalação de um clima tumultuado e carregado de estresse. Por esses motivos, o gerenciamento e o monitoramento devem ser constantes, de modo que uma crise seja resolvida da melhor forma, o que exige uma postura organizacional não rotineira (treinamento/preparo), planejamento analítico especial e atenção a aspectos legais na hora de agir.

Destacamos também que as crises precisam ser rapidamente analisadas e classificadas de acordo com seu grau de risco para que possa ser definido o nível de resposta adequado. Essa análise, chamada análise de risco, é separada em três fases: identificação das ameaças; avaliação; e hierarquização dos riscos. Vimos também que a cada nível de ameaça corresponde uma resposta adequada: alto risco – a resposta e os recursos são locais, ou seja, a própria equipe local está apta a atender; altíssimo risco – são necessárias equipes locais e equipes com treinamento especial no atendimento à crise; ameaça extraordinária – utilizam-se os mesmos recursos do grau altíssimo, em conjunto com o comando geral; ameaça exótica – empregam-se os mesmos recursos do nível anterior, juntamente com equipes de profissionais de outras áreas de atuação, como engenheiros, metalúrgicos e operadores de máquinas e equipamentos.

Na sequência, descrevemos as fases de uma crise: pré-confrontação; resposta imediata; plano específico; resolução; e pós-confrontação. Também examinamos os elementos operacionais essenciais para a resolução satisfatória de uma crise: delimitação de perímetros e áreas/zonas de atuação e instalação do posto de comando – sede de autoridade para as operações e o controle da situação, em que se encontram o elemento de comando (gerente da crise), os elementos operacionais (que realizam as ações), os elementos de apoio (funções administrativa e logística) e os elementos de assessoria (grupos de apoio, profissionais de outras áreas).

É com essa estrutura que se faz a intervenção em uma situação de crise ou emergência. Salientamos que esse é um assunto muito extenso, mas não é nosso objetivo neste livro examiná-lo em mais detalhes. Sugerimos que você busque mais fontes de consulta para aprofundar seus conhecimentos, caso esta seja sua intenção.

## Questões para revisão

1) Podemos afirmar que crise é todo incidente ou situação crucial não rotineira que:
   a. causa vínculo somente às empresas.
   b. causa desequilíbrio na normalidade em atividades da vida humana.
   c. causa acidentes de trabalho nas empresas.
   d. causa dividendos a todas as empresas.

2) As três características comuns e principais da crise são:
   a. imprevisibilidade, compressão do tempo e amenização do risco.
   b. compressão do tempo, impossibilidade e ameaça à vida.
   c. compressão do tempo, imprevisibilidade e ameaça à vida.
   d. impossibilidade, compressão do tempo e ameaça à vida.

3) Podem ser consideradas fases de uma crise:
   a. pós-confrontação, plano diretor e resolução.
   b. plano diretor, resolução e resposta imediata.
   c. pós-confrontação, resposta imediata e pré-execução.
   d. resolução, pós-confrontação e plano específico.

4) São recursos da fase de pré-confrontação:
   a. aquisição de material especializado, treinamento e roteiros de gerenciamento.
   b. aquisição de material de construção, treinamento e plano de gerenciamento.

c. treinamento, recrutamento e resolução e elaboração de rotina de construção.
   d. treinamento, elaboração de croqui e recrutamento e seleção.

5) Os perímetros e áreas/zonas de atuação compõem os elementos:
   a. táticos essenciais.
   b. estratégicos essenciais.
   c. operacionais essenciais.
   d. externos essenciais.

6) Fazem parte dos perímetros e áreas/zonas de atuação:
   a. área crítica, zona quente e área livre.
   b. ponto crítico, zona fria e área livre.
   c. zona quente, zona fria e área crítica.
   d. zona quente, ponto livre e área crítica.

7) O posto de comando é a sede de autoridade para as operações de campo, centralizando a chefia e:
   a. o controle nas situações em que for necessária sua instalação.
   b. o controle das simulações em que isso for necessário.
   c. o poder absoluto e intransferível da situação.
   d. o poder paralelo da situação.

8) Fazem parte dos requisitos essenciais em um posto de comando:
   a. comunicação, acomodações e mídia.
   b. acomodações, segurança e aglomeração.
   c. segurança, mídia e aglomeração.
   d. comunicação, segurança e acomodações.

9) Podemos afirmar que crise é todo incidente/situação crucial não rotineira que causa desequilíbrio na normalidade em atividades da vida humana. Também podemos apontar três características comuns e principais de uma crise. Quais são elas?

10) As crises podem ser divididas em fases para melhor serem geridas. Quais são essas fases?

## Questões para reflexão

1) São recursos da fase de pré-confrontação: aquisição de material especializado, treinamento, roteiros de gerenciamento. Você concorda que esses recursos podem ser de responsabilidade do gestor?

2) O posto de comando é a sede de autoridade para as operações de campo, centralizando a chefia e o controle nas situações em que forem necessárias sua instalação. Você observou que, com este conhecimento, fica mais fácil o Gestor auxiliar nas operações de forma mais organizada e sem equívocos em suas ações?

# V

# Gabinetes de Gerenciamento de Crises e Desastres

## Conteúdos do capítulo:

» Conceito de gerenciamento integrado de crises e desastres.
» Gabinete de Gestão Integrada (GGI): canal de interação entre o governo e a sociedade.
» Gabinete de Gerenciamento de Crises (GGC): gerenciamento, solução e principais dificuldades.
» Conceito de administração de desastres: prevenção, preparação, resposta e reconstrução.
» Classificação dos danos e dos prejuízos.
» Centros de Gerenciamento e Monitoramento de Desastres – Cenad e Cemaden.

## Após o estudo deste capítulo, você será capaz de:

1. entender o gerenciamento de crises e desastres;
2. compreender os conceitos de Gabinete de Gestão Integrada (GGI) e
3. Gabinete de Gerenciamento de Crises (GGC);
4. compreender a administração de desastres.
5. reconhecer a estrutura e o funcionamento dos Centros de Gerenciamento de Desastres (Cenad e Cemaden).

Neste capítulo, trataremos do gerenciamento integrado de crises e desastres e dos gabinetes, que tem o intuito de concentrar os recursos e resolver o mais rápido possível a situação adversa que se formou ou está em vias de se instalar.

O Ministério da Justiça empreende esforços constantes para promover a política da integração, propondo projetos, programas e ações que estimulem as boas iniciativas e, assim, promovendo o estímulo a políticas públicas sociais de caráter básico, sem as quais o resultado negativo na segurança pública persiste e tende a aumentar. Entre essas medidas está a criação do Plano Nacional de Segurança Pública do governo federal, instituído em 2003, que propõe ações tanto para mobilizar as instituições como para envolver e engajar a comunidade, em um processo que se alicerça no diálogo entre todos, na busca pelo planejamento e na observação dos problemas por diversos ângulos, o que acarreta a identificação de avaliações conjuntas e de soluções mais abrangentes.

## 5.1 Gerenciamento integrado de crises e desastres

A política de segurança pública no Brasil vem buscando adequar seus esforços à nova realidade que se apresenta na sociedade contemporânea, adotando estratégias mais apropriadas à complexidade do tema. A integração das forças de segurança se tornou algo indispensável para o combate à criminalidade e à violência de uma forma mais completa, somando as ações contra as calamidades e empregando as novas tecnologias com a correta utilização da informação no momento e no local necessários, considerando-se que informações truncadas, não confiáveis e em período inoportuno não trazem o resultado esperado para a resolução dos problemas.

Essa integração entre as forças de segurança, no entanto, ainda está em construção no país, em razão de fatores como a heterogeneidade das funções de cada órgão, que têm competências e prioridades diferentes de atuação, e o volume gigantesco da demanda para cada um deles. Esses fatores contribuem para o distanciamento involuntário das instituições que buscam atender às demandas sociais sobre segurança pública, às quais os atendimentos em casos de crises e desastres estão incorporados, trabalhando de forma focada em suas esferas de atribuições e jurisdições geográficas. É necessária uma ação conjunta em alguns segmentos estratégicos, como o planejamento dos objetivos, as atividades de formação dos profissionais, a atuação tático-operacional e o compartilhamento de dados levantados, conhecimentos, experiências e informações entre os órgãos.

Algumas estratégias, como o Programa Nacional de Segurança Pública com Cidadania (Pronasci), que veremos a seguir, e a instituição de órgãos como os Gabinetes de Gestão Integrada em Segurança Pública (GGIs) são exemplos concretos dos esforços em busca da integração e da mobilização.

## 5.2 Gabinete de Gestão Integrada (GGI)

O governo federal lançou, no ano 2000, o Plano Nacional de Segurança Pública (PNSP) 2000 a 2002. Entre os objetivos estabelecidos está a integração entre os diferentes órgãos de segurança federais, estaduais e municipais, juntamente com entidades privadas e representantes da sociedade civil organizada, com o propósito comum de unir esforços no combate ao crime e à violência. Em 2003, a Secretaria Nacional de Segurança Pública do Ministério da Justiça (Senasp/MJ) introduziu, por meio do Sistema Único de Segurança

Pública (Susp), os Gabinetes de Gestão Integrada em Segurança Pública (GGIs), fomentando a discussão a respeito das políticas em segurança pública com esforços voltados para a redução da violência e da criminalidade, de modo a trazer para o diálogo diferentes órgãos do Poder Público e a sociedade civil. Ainda em 2003, foi realizado um seminário com representantes dos estados e redigido o *Termo de Referência* do GGI, encaminhado aos estados com diretrizes gerais e exigências mínimas para aumentar a eficiência das corporações policiais.

> "Sem gestão não há política de segurança e política de segurança implica articulação sistêmica das instituições" (Sandes; Rodrigues; Viegas, 2009, p. 11).

Foram indicadas, ainda, algumas recomendações específicas para alcançar a eficiência desejada, como a articulação interinstitucional, o planejamento sistêmico e a reforma das polícias, somadas a mecanismos de gestão. A medida é uma das ações previstas no PNSP, que promove mudanças importantes com a introdução de mecanismos de gestão, como: obtenção de dados qualificados, realização de diagnósticos rigorosos, planejamento sistêmico, avaliação regular e acompanhamento corretivo.

Essas mudanças devem alcançar os órgãos públicos de segurança das três esferas – federal, estadual e municipal. Segundo Sandes, Rodrigues e Viegas (2009, p. 11): "O GGI é um fórum executivo e deliberativo, que tem como missão integrar sistematicamente os órgãos e instituições federais, estaduais e municipais, priorizando o planejamento e a execução de ações integradas de prevenção e o enfrentamento da violência e criminalidade". O sistema pretende melhorar os serviços prestados à sociedade pelo caráter integrador de informações e ações, visto que houve no Brasil nas últimas décadas a fragmentação das forças e a divisão do conhecimento adquirido, somadas ao planejamento insuficiente e a poucas ações preventivas. Assim, o GGI age em três linhas mestras, como mostrado em seu regimento interno, art. 3º, o qual dispõe sobre o incremento da integração entre os órgãos do sistema de justiça criminal e a implantação do planejamento estratégico mediante a utilização de ferramentas gerenciais e tendo a informação como a principal ferramenta de ação dos órgãos policiais.

Com o avanço dos trabalhos do Susp, houve novo esforço para obter melhoria nos resultados e, em 2007, foi lançado o Programa Nacional de Segurança Pública com Cidadania (Pronasci), com uma proposta preventiva e educativa que converge em ações de repressão qualificada juntamente com políticas sociais nesse sentido e com o intuito de fazer o acompanhamento de jovens e adolescentes, fortalecendo a iniciativa dos municípios de criar os GGIs.

O GGI segue algumas diretrizes relativas a sua composição, que constitui de dois grupos: membros natos e convidados.

Membros natos são aqueles oriundos dos órgãos de justiça criminal:
  » comandante geral da Polícia Militar;
  » comandante geral do Corpo de Bombeiro;
  » diretor do Sistema Estadual de Defesa Civil (caso se aplique);
  » diretor do Sistema Penitenciário;
  » chefe da Polícia Civil;
  » diretor da Polícia Técnica (caso se aplique);
  » superintendente da Polícia Federal;
  » superintendente da Polícia Rodoviária Federal;
  » presidente do Tribunal de Justiça;
  » procurador geral do Ministério Público;
  » representante das Guardas Municipais;
  » mediador – representante da Senasp.

Os membros convidados podem ser de diversas origens. Serão convidados, quando for necessária sua participação:

» representante das Forças Armadas (Exército, Marinha e Aeronáutica);

» representante da Agência Brasileira de Inteligência (Abin), entre outras entidades.

O GGI tem a missão de implementar as políticas públicas constantes no PNSP também no âmbito estadual, adaptando-se à demanda e às características locais. Para tanto, deve criar uma rede estadual/nacional de intercâmbio de informações e experiências, a fim de prover com informações um sistema de planejamento em nível nacional, com fóruns regionais e também nacionais. Pode, então, efetuar a gestão do sistema mediante a realização do planejamento estratégico das ações integradas desde sua implantação, provendo o sistema com indicadores que possam mensurar a eficiência das ações, sinalizando a demanda e elencando as prioridades. Deve ser um facilitador, por meio do representante da Senasp, da comunicação entre os diferentes órgãos que constituem o gabinete, fazendo a articulação entre eles, com o objetivo de alcançar o resultado esperado na prevenção e no controle da criminalidade, e garantindo a integração entre a inteligência e a estatística, de forma a difundir a filosofia de gestão integrada em segurança pública.

## 5.2.1 Estrutura e funcionamento do GGI

Segundo o modelo de regimento interno do GGI, ele pode ser estruturado em membros natos e convidados, conforme citado anteriormente, secretaria executiva e coordenadorias temáticas.

A secretaria executiva tem atividades permanentes e diárias. Ela deve elaborar e acompanhar a pauta de trabalho do GGI, preparando despachos e controlando o expediente pessoal do coordenador do gabinete. Deve, ainda, orientar e controlar as atividades administrativas, como: receber e encaminhar documentos, protocolos e correspondências; secretariar as reuniões, lavrando as atas e promovendo ações que busquem o cumprimento das decisões; ser o interlocutor com a Secretaria Estadual de Segurança Pública (Sesp) para providência de recursos materiais e humanos; constituir um ambiente de interação entre as agências de segurança pública; disseminar as orientações e políticas propostas pela Senasp; criar um cadastro estadual temático das melhores práticas desenvolvidas pelos órgãos de justiça criminal no âmbito estadual. Para viabilizar os trabalhos, é sugerido que a secretaria executiva tenha a composição mostrada na Figura 5.1:

Figura 5.1 – *Organograma da secretaria executiva do GGI*

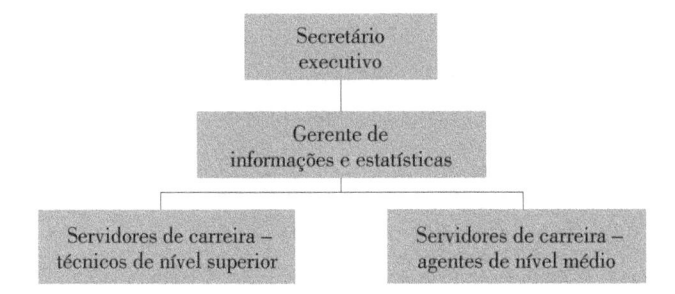

```
                  Secretário
                  executivo
                      |
              Gerente de
         informações e estatísticas
              |              |
  Servidores de carreira –   Servidores de carreira –
  técnicos de nível superior  agentes de nível médio
```

Outro atributo da secretaria consiste em organizar a realização de cursos de capacitação de policiais e profissionais da área de segurança pública – inclusive de bombeiros – promovidos pela Senasp em rede nacional. Deve também identificar temas prioritários para a segurança pública no estado e viabilizar grupos de trabalho para analisar e propor estratégias e metodologias de monitoramento dos resultados das ações planejadas.

Para atingir seu objetivo e direcionar os esforços, o GGI deve cumprir as atribuições listadas a seguir, conforme Sandes, Rodrigues e Viegas (2009, p. 39):

- articular de forma que torne mais ágil e eficaz a comunicação entre os órgãos de justiça criminal;
- contribuir para a integração e harmonização dos órgãos do sistema de justiça criminal na execução do diagnóstico, planejamento, implementação e monitoramento de políticas de segurança pública;
- incentivar programas de prevenção e repressão qualificada da criminalidade;
- promover a interlocução das agências de segurança pública para o planejamento e execução de ações integradas em situações emergenciais;
- elaborar o planejamento estratégico do GGI e o monitoramento do cumprimento das metas estabelecidas;
- instituir grupos temáticos para tratar de temas específicos e deliberar em conjunto;
- fortalecer a visão da coordenação como facilitador em uma articulação integrada;
- desenvolver mecanismo de monitoramento e avaliação para facilitar a tomada de decisão;
- catalisar as informações produzidas e socializá-las;
- atuar de forma sistêmica e complementar as ações dos órgãos constituídos, respeitando suas competências;
- dar cumprimento às deliberações;
- mediar o planejamento operacional, tático e estratégico entre os órgãos componentes do GGI;

De forma geral, o GGI deve manter reuniões ordinárias mensais ou quinzenais e as extraordinárias quando necessário, com o rodízio na coordenação e direção dos trabalhos entre os membros. Caso os membros concordem, o convite para as reuniões pode ser estendido a órgãos ou representantes da sociedade civil.

O Gabinete de Gestão Integrada Estadual (GGIE), que coordena o Susp, é composto da seguinte forma:

» Senasp, Polícia Federal e Rodoviária Federal (esfera federal);
» Secretaria Estadual de Segurança Pública, Polícia Civil e Militar e Corpo de Bombeiros Militar (esfera estadual).

Nesse gabinete não será estabelecida nenhuma hierarquia – a autonomia e a identidade de cada órgão são mantidas e as decisões são tomadas por consenso. O gabinete deve articular o envolvimento das Secretarias Municipais de Segurança Pública e/ou das Guardas Municipais, também chamadas de *Guardas Civis Metropolitanas*, formando o Gabinete de Gestão Integrada Municipal (GGIM), além do Ministério Público e o Judiciário.

O GGIM coloca os municípios como protagonistas em questões de segurança pública e Defesa Civil, com o objetivo de desempenhar três frentes de trabalho:

1. atuar na promoção da cultura da paz, mediante a implantação de ações integradas de prevenção, as quais englobam segurança pública e defesa social, no enfrentamento da violência e da criminalidade, promovendo o bem-estar social e assegurando a infraestrutura de Defesa Civil;
2. mobilizar toda a sociedade, fomentando práticas democráticas e participativas com o fim de produzir e difundir a percepção de segurança, bem-estar social e urbanização;
3. priorizar o âmbito local nas ações.

Para o bom desenvolvimento dos trabalhos, os GGIMs estão aportados em três grandes eixos de atuação:

» **Gestão integrada**: consiste na descentralização da macropolítica e na atuação de forma colegiada nas deliberações e na execução de medidas e ações conjuntas a serem implementadas, reunindo os vários segmentos da sociedade.
» **Atuação em rede**: o GGIM pressupõe uma rede de informações, experiências e práticas estabelecidas que envolvem

os vários segmentos da sociedade e a segurança pública local, agindo como um canal de participação popular.
» **Perspectiva sistêmica**: incide em viabilizar a sinergia entre as partes, com trânsito ágil de informações em um espaço inovador de tecnologia, planejamento e gestão.

O GGIM deve ser estruturado administrativamente em:
» colegiado pleno, que coordena e delibera as ações e as medidas em um ambiente multidisciplinar e intersetorial;
» secretaria executiva;
» Observatório de Segurança Pública e Defesa Civil;
» sala de situação e operações;
» estrutura de formação e qualificação;
» espaço multidisciplinar e prevenção.

## 5.3 Gabinete de Gerenciamento de Crises (GGC)

O gerenciamento é fundamental para a utilização racional dos recursos, pois propicia que se evitem os excessos, as precipitações ou as insuficiências em ações e decisões para resolver uma crise. Dada sua importância, foi criado um órgão que, por definição, tem o objetivo de equacionar crises, o Gabinete de Gerenciamento de Crises (GGC).

Esse gabinete pode ser formado, por exemplo, pelo secretário de Segurança e Defesa Social Estadual, pelo comandante-geral da Polícia Militar, pelo superintendente da Polícia Civil, pelo comandante-geral do Corpo de Bombeiros Militar e pelo representante da Casa Militar do Governo do Estado. Sua presidência é exercida pelo secretário de Segurança Pública e Defesa Social (Ceará, 2016).

Em caso de crise, é formado um comitê de caráter situacional para intervir e encontrar as melhores medidas técnicas para resolver a ocorrência e restabelecer a ordem pública. Esse comitê é dividido em três funções operacionais:

1. **Gerente de crise ou comandante da área de operações**: exerce o papel de representante do GGC, autoridade máxima que coordena todas as ações no local da ocorrência da crise, entre outros atributos pertinentes. Essa função é desempenhada exclusivamente por policiais militares ou civis e bombeiros militares, desde que credenciados pelo GGC.

2. **Subgerente de crise**: é responsável pelo estabelecimento do posto de comando desde sua instalação, fazendo a organização das instalações e controlando as ações internas e o funcionamento. Deve ainda coordenar os recursos de apoio e assegurar o acesso a informações adequadas e pertinentes ao gerente de crise e aos outros membros do posto de comando. Como no caso do gerente de crise, a função é desempenhada exclusivamente por policiais militares ou civis e bombeiros militares, igualmente credenciados pelo GGC.

3. **Negociadores**: são os intermediadores entre os elementos causadores da crise e o comandante da área de operações, ou seja, o gerente de crise. Em casos de desastres, a função não é comum, porém é necessário que esteja prevista.

A Secretaria da Segurança Pública do Estado do Ceará, por exemplo, liga ao GGC o Grupo de Ações Táticas e Especiais (Gate) da Polícia Militar e os grupos ou equipes da Polícia Civil, bem como o Corpo de Bombeiros Militar, conforme dispõe o regulamento interno do GGC.

No caso de desastres, o Centro Nacional de Gerenciamento de Riscos e Desastres (Cenad), por ser responsável pelas ações de planejamento e mobilização em casos de situação de riscos e desastres, também pode acionar o Grupo de Apoio a Desastres (Gade), que é especializado em gerenciamento de crises, como veremos adiante neste capítulo.

Para melhor organização e preparação para uma situação de emergência, são dispostos no Quadro de Disponibilidade Operacional para Gerenciamento e Negociações os nomes dos policiais e bombeiros credenciados pelo GGC, que, seguindo uma ordem de classificação preestabelecida, podem atuar como gerente e subgerente de crise e negociadores.

*Figura 5.2 – Organograma do GGC*

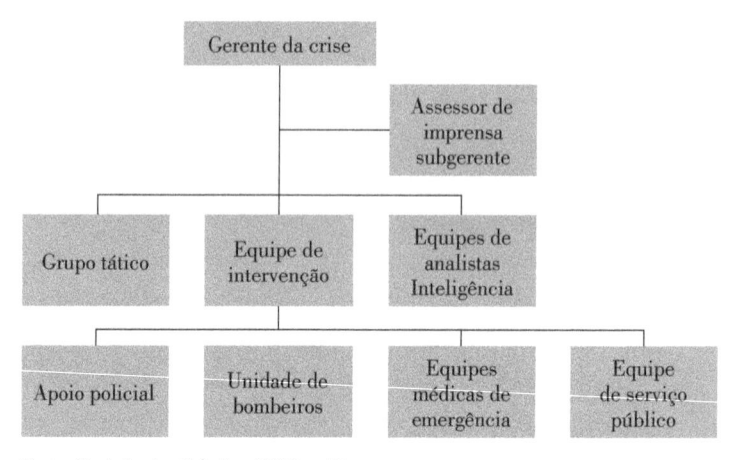

```
                    Gerente da crise
                          |
                          |────────── Assessor de
                          |            imprensa
                          |            subgerente
          ┌───────────────┼───────────────┐
    Grupo tático     Equipe de       Equipes de
                     intervenção     analistas
                                     Inteligência
          ┌───────────────┼───────────────┐
    Apoio policial   Unidade de      Equipes        Equipe
                     bombeiros       médicas de     de serviço
                                     emergência     público
```

Fonte: Doria Junior; Fahning, 2008, p. 55.

## Para saber mais

Assista ao filme *O sequestro no metrô 123*, que retrata uma situação na qual se aplicou o gerenciamento de crise.

O SEQUESTRO do Metrô 123. Direção: Tony Scott. EUA/Reino Unido/Brasil/México: Sony Pictures, 2009. 105 min.

### 5.3.1 Gerenciamento de crise

O gerenciamento de crise é o processo de solucionar uma crise com o intuito de assegurar a ordem e restabelecer a normalidade da situação o mais rápido possível. Para tanto, é necessária uma metodologia de sequenciamento lógico para resolver situações adversas por meio da qual se utilizem somente os recursos e esforços necessários, minimizando as falhas e aumentando a chance da resolução da crise com o menor impacto negativo possível.

É preciso aplicar técnicas especializadas para identificar os recursos cabíveis em cada situação, providenciar sua aquisição ou deslocamento para o local e decidir a melhor forma de aplicar os recursos. O gerenciamento, no entanto, não é uma ciência exata; logo, exige muita cautela por parte dos gestores, análises criteriosas e profunda reflexão a respeito de ações a serem tomadas, mesmo porque cada crise é única e apresenta características particulares (Ceará, 2016).

Como tomar a decisão mais ajustada?

Novamente, tomamos como base a doutrina do FBI (Agência Federal de Investigação dos Estados Unidos), que sugere três critérios definidores para a decisão em casos de crise ou emergência (Doria Junior; Fahning, 2008).

1. **Necessidade**: segundo esse critério, deve-se averiguar a necessidade real da ação pretendida, se é realmente indispensável. Não havendo necessidade ou em caso de dúvida quanto a ela, a ação não se justifica.
2. **Validade do risco**: o gestor deve responder à pergunta: "Vale a pena correr o risco?". Ele precisa considerar que todos os atos devem ter seus resultados ponderados antecipadamente e, se os riscos forem menores que os ganhos, então estes são riscos que se pode assumir. Porém, ainda existem outros fatores

que devem ser levados em conta na tomada da decisão, como os fatores de ordem subjetiva, uma vez que algo que seja factível para uma pessoa ou grupo pode ser considerado irrealizável por outros, como subir em uma escada no caso de entrar em pânico ou ainda ter alguma reação inesperada causada por algum trauma anterior. Também há fatores objetivos, pois nem toda ação de sucesso em atendimento anterior é garantida para outro, visto o caráter único de cada crise.

3. **Aceitabilidade**: esse critério se sustenta em outros três critérios: no embasamento legal e na normativa; no costume moral, pois toda decisão deve levá-lo em consideração; no princípio ético, para que o ato decisório não cause constrangimento ao comandante, ao subordinado ou à organização.

### 5.3.2 Solução e epílogo de crise

As ações que devem ser realizadas durante uma crise seguem um roteiro básico que pode moldar-se à situação que se apresenta:

1. Alarme ou ação de levar a situação ao conhecimento da autoridade ou pessoa responsável do local.
2. Resgate à(s) vítima(s), que é a chegada ao local, quando são reavaliadas as condições de isolamento e segurança. Também é quando acontece o acesso à(s) vítima(s) e à triagem.
3. Socorro, quando acontecem os primeiros atendimentos, caso não tenham sido feitos anteriormente, por um brigadista ou bombeiro civil local e tem início o transporte das vítimas para atendimento hospitalar mais estruturado.
4. Busca e salvamento em casos mais complexos e que exijam técnicas e equipamentos diferenciados.

O desfecho ou epílogo desejado de uma crise é a preservação das vidas, do patrimônio e do meio ambiente. A crise é um evento de tensão psicológica desde seu início até seu fim, porém existem períodos que exigem especial atenção por parte dos gestores, em que a tensão se eleva abruptamente, como mencionamos anteriormente. Mesmo sendo um período de abrandamento das ações, o desfecho também implica um aumento no nível de perigo, em razão da sensação de controle da situação, exigindo da equipe concentração e entrosamento nas ações para evitar reações precipitadas no final. Outros cuidados importantes nessa fase são o zelo contínuo pela segurança e o controle da movimentação de pessoas no local.

### 5.3.3 Principais dificuldades no gerenciamento de crise

As crises são eventos que acontecem repentinamente e são de difícil resolução, principalmente em casos que envolvam grandes ameaças. Esses cenários, geralmente, provocam aglomeração de pessoas, da mídia e de autoridades, principalmente quando há destaque local e a notícia se espalha, podendo chegar até os veículos de notícias internacionais. Quanto maior a repercussão, maior a dificuldade no gerenciamento da crise.

Existem alguns fatores que são recorrentes em uma crise, como a dificuldade de manter o isolamento do local, providenciar os equipamentos necessários e localizar autoridades, ingerências externas, falta de autonomia do policial ou bombeiro e algumas atitudes da imprensa.

No que diz respeito à **manutenção do isolamento**, podemos afirmar que a resolução de uma crise começa pelo bom isolamento do local, sendo primordial a determinação dos limites da ocorrência por meio da instalação dos perímetros interno e externo, sua manutenção e adaptação conforme for necessário, aumentando ou diminuindo os limites.

Como é algo que causa a curiosidade natural das pessoas, sempre existem curiosos ou representantes da imprensa buscando o melhor local para visualizar as atividades os quais, para tanto, tentam romper os limites dos perímetros. Além disso, nem todas as crises ocorrem em local fechado; muitas delas são em lugares abertos e com exposição ao público, como no caso de um suicida que esteja no alto de um prédio ou em uma ponte. Por mais que seja difícil, o gerente da crise deve tentar manter a pessoa o mais isolada possível, pois, assim, o causador do conflito tende a aceitar mais rapidamente a solução proposta (Doria Junior; Fahning, 2008).

Quanto à **localização de autoridades**, em casos de sequestro, por exemplo, tornou-se comum o agente agressor exigir a presença de alguma autoridade em particular, para que assim possa resguardar sua própria integridade, agora ameaçada pelo cerco montado a sua volta, quando percebe que não terá êxito em sua ação delituosa.

Outro motivo de dificuldade é a **providência de equipamentos indispensáveis** para uma ocorrência, pois muitas vezes eles não estão disponíveis nas corporações pelo alto preço de aquisição e manutenção e por sua baixa utilização, que fazem com que não sejam adquiridos antecipadamente. Outro problema é a falta de treinamento com tais equipamentos. Os mais indispensáveis, no caso dos bombeiros, são capacetes e roupas especiais, cordas, botas especiais, material de rapel, máscaras, mangueiras, extintores, veículos e outros recursos eletrônicos e elétricos que se façam necessários e cabíveis. Por mais caros que sejam ou por menor que seja sua frequência de uso, uma vida não tem preço e, caso seu uso possibilite salvá-la, é imperativo que eles estejam à disposição, pois uma crise ou emergência não marca hora para acontecer.

As **ingerências externas** também constituem uma dificuldade, pois se trata de um evento que desperta o interesse de um grande público, fato que pode motivar a ação de pessoas que percebem a oportunidade de chamar atenção e podem querer usá-la para outros fins. Essas pessoas interferem de várias maneiras diferentes, e o grau de dificuldade criado depende de quem são e de sua influência na sociedade, podendo chegar a inviabilizar alguma ação para a solução da crise.

A **falta de autonomia** do policial ou bombeiro esbarra em questões básicas, pois, mesmo sendo os mais qualificados para adotar as devidas providências em momentos de crise, podem se ver impedidos de fazê-lo por ordens ou decisões equivocadas de algumas pessoas que colocam em risco toda uma operação, podendo mudar os rumos do sucesso para o fracasso, trazendo para si a responsabilidade do resultado e amargando consequências com danos irreversíveis.

Por fim, citamos **algumas atitudes da imprensa** que se tornam causadoras de dificuldades, dependendo do veículo e da intenção da informação. Em geral, o papel da imprensa é informar a população de todas as situações do cotidiano. Existem vários veículos de informação e cada um se especializa em transmiti-la da melhor forma possível para seu público-alvo. A polícia e o Corpo de Bombeiros não devem impedir os repórteres de exercer sua atividade, porém devem determinar os limites de sua atuação por se tratar de situação em que até a vida do próprio repórter pode estar em risco, uma vez que situações envolvendo esses órgãos geralmente são perigosas. Outro ponto importante é que nem todas as informações devem chegar ao público durante o atendimento. As informações precisam ser filtradas pelo posto de comando, a fim de resguardar aquelas que devem ser mantidas em sigilo por força da lei.

# Para saber mais

O filme *Daylight* pode ajudá-lo a se familiarizar melhor com a problemática de decisão nos gerenciamentos de crises e desastres.

DAYLIGHT. Direção: Rob Cohen. EUA, 1996. 114 min.

## 5.4 Administração de desastres

A administração de desastres envolve muitos fatores. As dificuldades de gerenciar crises, que vimos anteriormente, são válidas para esses eventos também. O gerenciamento de riscos ou administração de desastres é substancialmente a ação primordial em se tratando de desastres.

*Risco* é definido na NBR 14276 como "propriedade de um perigo promover danos, com possibilidade de perdas humanas, ambientais, materiais e/ou econômicas, resultante da combinação entre frequência esperada e consequência destas perdas" (ABNT, 2006, p. 3). Para que se possa definir o grau de risco de um desastre, é necessária a utilização de uma metodologia capaz de descrevê-lo com o maior grau de certeza possível, para que assim possam ser tomadas as medidas necessárias para mitigar ou eliminar o risco e seja possível preparar a população para responder quando houver alguma ocorrência. A Avaliação de Riscos de Desastres pode ser utilizada nessa tarefa, visto que classifica os riscos e orienta as ações para que todo o processo de estudo de situação ocorra de forma planejada, diminuindo a possibilidade de erro.

O Ministério da Integração Nacional, por meio da Secretaria Nacional de Proteção e Defesa Civil (Sedec), orienta o passo a passo dessa avaliação, que identifica e caracteriza os riscos de desastres, verifica seu potencial de dano e os ordena quanto à grandeza e à intensidade.

1. Análise das ameaças de eventos adversos.
2. Análise do grau de vulnerabilidade.
3. Caracterização dos riscos de desastres.
4. Definição de alternativas para eliminação dos desastres.
5. Definição de alternativas para redução dos desastres.
6. Definição de ações de resposta nos desastres e limitação de danos.

Em suma, tais etapas de avaliação de riscos podem ser englobadas nas fases de administração ou gerenciamento de desastres, que podem ser realizadas à medida que se organizam as ações de resposta. Tais fases formam um ciclo dividido em quatro etapas, muito similares às fases de enfrentamento de uma crise, porém as medidas utilizadas são diferentes. Essas fases estão dispostas nos Planos Diretores de Defesa Civil constantes na Política Nacional de Proteção e Defesa Civil (PNPDEC). São elas:

1. prevenção de desastres;
2. preparação para emergências e desastres;
3. resposta aos desastres;
4. reconstrução.

A fase de **prevenção de desastres** está dividida em duas etapas:
1. Avaliação dos riscos de desastres: nesta etapa devem ser realizados estudos sobre as ameaças e o grau de vulnerabilidade do sistema e dos corpos receptores, ou seja, casas, prédios, rios, morros, entre outros, além da síntese do risco, na qual será possível avaliar e hierarquizar os riscos e mapear dos locais com maior risco;
2. Redução dos riscos de desastres: consiste em dois conjuntos de medidas, estruturais (obras de engenharia) e não estruturais (planejamento da ocupação do solo), que visam evitar a ocorrência de desastres ou diminuir a intensidade de seus efeitos.

Para esta fase, o plano propõe o Programa de Prevenção de Desastres (PRVD).

A fase de **preparação para emergências e desastres** reúne o conjunto de ações que visam à melhoria da capacidade da sociedade de enfrentar os desastres. Para tanto, objetiva otimizar as ações que vinculam a prevenção, a resposta e a reconstrução em casos de desastres por meio dos projetos citados a seguir, conforme Margarida e Nascimento (2009).

Projetos de preparação para emergências e desastres:

» projeto de desenvolvimento institucional, de recursos humanos, científico e tecnológico;
» projetos de monitoramento, alerta e alarme;
» projeto de planejamento operacional e de contingência e proteção da população contra riscos focais;
» projetos de mobilização;
» projetos de aparelhamento e apoio logístico;
» projetos de mudança de cultura;
» projetos de informações e estudos epidemiológicos sobre desastres;
» projetos de motivação e articulação empresarial.

Para esta segunda fase, a PNPDEC propõe o Programa de Preparação para Emergências e Desastres (PPED).

A fase de **resposta aos desastres** objetiva intervir com ações de socorro e auxílio às pessoas atingidas, reduzir os danos e prejuízos e garantir o funcionamento dos sistemas essenciais da comunidade. As ações de socorro podem ocorrer no pré-impacto, ou seja, no período entre o prenúncio e o desencadeamento do desastre, e continuam no momento do impacto propriamente dito. As ações de auxílio às pessoas atingidas se dão por meio de atividades de logística, assistenciais e de saúde. As ações para garantir o funcionamento dos sistemas essenciais ou ações de reabilitação do cenário são medidas de avaliação de danos, com a realização de vistoria e a redação de laudos técnicos. Nessa fase ocorre a desmontagem de estruturas danificadas, a desobstrução e a remoção de escombros, o sepultamento de pessoas e animais, a limpeza, a descontaminação e a desinfecção do ambiente, além da recuperação de unidades habitacionais de baixa renda. Para esta terceira fase, a PNPDEC propõe o Programa de Resposta aos Desastres (Pred).

Na fase de **reconstrução** é realizada a restauração completa dos serviços públicos, da normalidade da economia da área, bem como do bem-estar e do moral social da população atingida. Também são dispensados esforços para recuperar os ecossistemas atingidos, reduzir as vulnerabilidades, racionalizar o uso do solo, modernizar as instalações, reforçar as estruturas e, em último caso, relocar as populações das áreas atingidas. Para esta fase, a PNPDEC propõe o Programa de Reconstrução (PRRC).

> Existem métodos específicos para análise de riscos industriais, entre eles o método DOW, que permite identificar os riscos nas unidades nos processos industriais, e o MOND, que analisa a toxidade, a reatividade e a inflamabilidade das substâncias e materiais do processo.

Neste momento, é importante definir e classificar os danos e os prejuízos, etapa fundamental no gerenciamento de crises e desastres para definir quais ações tomar, ainda que em alguns desastres seja muito difícil fazê-lo. Podemos afirmar, de forma simplificada, que os danos "representam a intensidade das perdas humanas, materiais e ambientais" e os prejuízos "são a medida da perda relacionada com o valor econômico, social e patrimonial de um determinado bem, em circunstâncias de desastres". (Margarida; Nascimento, 2009, p. 55).

### 5.4.1 Classificação dos danos

Os danos causados pelos desastres estão divididos em três categorias: humanos, materiais e ambientais, conforme Margarida e Nascimento (2009).

Os **danos humanos** são catalogados em relação ao número de pessoas afetadas e ao estado em que se encontram, dividindo-se em dois níveis de criticidade:

- » Criticidade I: mortos, feridos graves, desaparecidos, desabrigados (pessoas que necessitam de abrigo temporário) e deslocados.
- » Criticidade II: feridos leves, enfermos, desalojados (pessoas que tiveram suas habitações danificadas ou destruídas, porém não precisam de abrigo temporário).

Os **danos materiais** são mensurados quanto ao número de unidades danificadas e destruídas e ao valor aproximado para reconstrução ou recuperação, dividindo-se em dois níveis de prioridade:

- » Prioridade I: instalações públicas e comunitárias de infraestrutura que serão utilizadas na recuperação e atendimento das vítimas, por exemplo, as prestadoras de serviços essenciais (água, luz) e as residências das vítimas de baixa renda.
- » Prioridade II: instalações privadas prestadoras de serviços essenciais e de manutenção de atividade econômica.

Os **danos ambientais** são mensurados em função do volume de recursos financeiros a ser aplicado para sua recuperação e constituem-se em fatores que agravam a dimensão do desastre por consequência de sua lenta e complexa reabilitação, que em alguns casos se revela impossível. São exemplos de danos: poluição e contaminação do ar, das águas e do solo; degradação e perda de terras produtivas por erosão ou desertificação; desmatamentos e queimadas, que resultam ainda na redução da biodiversidade dos locais atingidos, acelerando a extinção de algumas espécies que já se encontram em perigo e que, em muitos casos, nem foram estudadas.

### 5.4.2 Classificação dos prejuízos

Podemos classificar os prejuízos em econômicos e sociais, de acordo com Margarida e Nascimento (2009). Os **prejuízos econômicos** consistem em perdas em relação às atividades econômicas instaladas ou às que potencialmente poderiam estar em funcionamento nas cidades e no campo. São exemplos desse tipo de prejuízo: frustrações e redução de safras; perda de rebanhos; ruptura ou paralisação total ou parcial de atividades de prestação de serviço e da produção industrial e do agronegócio. É possível mensurar os prejuízos levando em consideração os valores calculados em comparação com a capacidade econômica do município. Pode ser utilizado como parâmetro o valor do Produto Interno Bruto (PIB) de um município, por exemplo, conforme Tabela 5.1.

*Tabela 5.1 – Classificação dos prejuízos × PIB municipal*

| Montante do prejuízo | PIB (%) |
|---|---|
| Pouco vultosos e pouco significativos | Menos de 5 |
| Pouco vultosos, porém significativos | 5 a 10 |
| Vultosos | 10 a 30 |
| Muito vultosos | Acima de 30 |

Fonte: Adaptado de Margarida; Nascimento, 2009. p. 56.

Os **prejuízos sociais** são considerados em relação à queda do nível de bem-estar da comunidade atingida e ao desdobramento de riscos à saúde e da incolumidade imposta a ela pelo evento. Também são categorizados em dois níveis de prioridade, dependendo do

montante de recursos necessários para a recuperação dos serviços essenciais afetados:
- » Nível I: assistência médica/emergencial, restabelecimento do abastecimento de água, esgoto sanitário, limpeza urbana e coleta de lixo e serviços de vigilância sanitária.
- » Nível II: serviços de geração e distribuição de energia elétrica e telecomunicações, distribuição de combustíveis.

Os serviços públicos essenciais são os seguintes:
- » assistência médica e saúde pública;
- » abastecimento de água potável;
- » sistema de captação de águas pluviais e sistema de coleta de esgotos sanitários;
- » sistema de limpeza urbana e de recolhimento e destinação de lixo;
- » sistema de desinfestação/desinfecção do *habitat*, controle de pragas e vetores (inseto, água, ar);
- » geração e distribuição de energia elétrica;
- » telecomunicações;
- » transportes locais, regionais e de longo curso;
- » distribuição de combustíveis, especialmente os de uso doméstico;
- » segurança pública;
- » ensino.

Portanto, a resposta aos riscos é feita por meio da análise desses critérios fundamentais. Pode haver, ainda, a necessidade de adotar medidas emergenciais, que devem ser tomadas em circunstâncias de acidentes ou desastres. Existem, para tanto, os sistemas de vigilância que monitoram e detectam desastres e emitem alarmes, utilizados em centros de gerenciamentos de desastres, a fim de possibilitar a rápida resposta à situação, combatendo a causa, se for possível, ou salvaguardando a vida e o patrimônio.

## 5.5 Centros de gerenciamento de desastres (CGDs)

Na sequência, vamos examinar dois importantes centros de gerenciamento e monitoramento de desastres:
» Centro Nacional de Gerenciamento de Riscos e Desastres (Cenad);
» Centro Nacional de Monitoramento e Alertas de Desastres Naturais (Cemaden).

### 5.5.1 Centro Nacional de Gerenciamento de Riscos e Desastres (Cenad)

O Centro Nacional de Gerenciamento de Riscos e Desastres (Cenad), vinculado ao Ministério da Integração Nacional e coordenado pela Sedec, situado em Brasília (DF), foi criado pelo Decreto n. 5.376, de 17 de fevereiro de 2005 (Brasil, 2005). Em 2012, ampliou seu quadro de funcionários no intuito de reunir diversos profissionais com formação técnica de diferentes segmentos para o trabalho de atender com maior propriedade à demanda da população que se encontra em áreas de risco, sendo uma força auxiliar às iniciativas estaduais e municipais em períodos de crise.

O centro funciona 24 horas por dia, todos os dias da semana, ou seja, o acompanhamento é ininterrupto, e agrega profissionais como analistas em Defesa Civil, analistas de sistemas, engenheiros, geólogos, meteorologistas, químicos, assistentes sociais e estatísticos, gerenciando com agilidade as ações estratégicas de preparo e resposta aos desastres nacionais e, eventualmente, auxiliando em situações internacionais. *A priori*, apresenta duas frentes de trabalho:

1. **Articulação, estratégia, estruturação e melhoria contínua**: que realiza a preparação e a resposta a desastres, atuando primordialmente na mobilização para atendimento às vítimas.
2. **Ação permanente de monitoramento, alerta, informação, mobilização e resposta**: faz o monitoramento constante de informações com relação às possíveis situações de desastre em áreas de risco, auxiliando na preparação e redução dos impactos à população.

Fica também sob os cuidados do Cenad a consolidação das informações sobre os riscos em território brasileiro, como:

» mapas de áreas de risco de deslizamentos e inundações;
» dados relativos à ocorrência de desastres naturais e tecnológicos e aos danos associados.

O Cenad recebe informações de outros órgãos do governo federal sobre:

» tempo e temperatura;
» avaliação de condições geológicas de áreas de risco;
» monitoramento dos movimentos das placas tectônicas;
» acompanhamento das bacias hidrográficas;
» controle de queimadas e incêndios florestais;
» transporte e armazenamento de produtos perigosos.

Reunidas as informações, elas são avaliadas e processadas pelos especialistas do centro, que então as encaminham aos órgãos de proteção e defesa civil estaduais e municipais com os devidos alertas, dependendo da intensidade do evento adverso. O Cenad participa de comissões e comitês que discutem assuntos com relação à proteção e defesa civil, pois é o responsável pelas ações de planejamento e mobilização em casos de situação de riscos e desastres, podendo acionar o Grupo de Apoio a Desastres (Gade), uma equipe técnica multidisciplinar sob sua coordenação, especializada em gerenciamento de crises e disponível a qualquer momento e em qualquer lugar, organizada para preparar e responder a desastres em terras brasileiras ou internacionais.

Essa equipe age com o objetivo de coordenar as atuações propostas pelo governo federal e, assim, impedir a sobreposição de ações e o desperdício de recursos humanos e materiais destinados a atender a comunidade afetada pela catástrofe, podendo, ainda, reverter as ações de recuperação em ações de prevenção, tendo em vista as informações necessárias sobre a vulnerabilidade do local. São fontes de dados do Cenad, conforme o Portal do Ministério da Integração Nacional:

» Centro Nacional de Monitoramento e Alertas de Desastres Naturais (Cemaden);
» Serviço Geológico do Brasil;
» Instituto Brasileiro do Meio Ambiente e dos Recursos Naturais Renováveis (Ibama);
» Agência Nacional de Águas (ANA);
» Agência Brasileira de Inteligência (Abin);
» Centro de Previsão de Tempo e Estudos Climáticos/Instituto Nacional de Pesquisas Espaciais (CPTEC/INPE);
» Instituto Nacional de Meteorologia (Inmet);
» Centro Gestor e Operacional do Sistema de Proteção da Amazônia (Censipam).

## 5.5.2 Centro Nacional de Monitoramento e Alertas de Desastras Naturais (Cemaden)

Instalado no Estado de São Paulo, o Centro Nacional de Monitoramento e Alertas de Desastres Naturais (Cemaden) foi criado para exercer a atividade de monitoramento de desastres naturais e realizar o alerta nas localidades mais suscetíveis sobre as possíveis ocorrências desses fenômenos, que tiveram notório crescimento por todo o Brasil, trazendo como consequência o aumento de vítimas e atrozes prejuízos socioeconômicos às regiões afetadas. O centro viabiliza as ações do Sistema Nacional de Monitoramento e Alertas de Desastres Naturais, que está vinculado à Secretaria de Políticas e Programas de Pesquisas e Desenvolvimento (Seped), ligada ao Ministério da Ciência, Tecnologia e Inovação.

Foi desenvolvido juntamente com inúmeros parceiros e tem como estratégia principal o estabelecimento de parcerias com as instituições regionais, estaduais e federais para que o sistema se torne mais ágil na difusão das informações, otimizando análises com maior grau de detalhamento e possibilitando elencar soluções para os incidentes. Assim, busca fornecer informações a respeito de risco iminente de desastres, com o intuito de melhorar a capacidade de resposta da sociedade e induzir ao preparo para tais eventos, com ações efetivas e antecipadas que reduzam os efeitos danosos das catástrofes naturais, diminuindo tanto o número de vítimas como os danos e os prejuízos. Ainda, com o monitoramento, exerce função auxiliar no planejamento urbano e de infraestrutura, realizando a identificação das vulnerabilidades no uso e ocupação do solo, além de efetuar um trabalho de conscientização nesse sentido.

A estrutura operacional do Cemaden está montada em uma sala de situação com capacidade de trabalho para 25 operadores simultaneamente. Conta ainda com um gabinete de crise com sistema de telepresença, de monitoramento de ampla visão geral por meio de um *videowall*, bem como com um sistema de emergência de fornecimento de energia elétrica, a fim de não haver interrupção nos trabalhos. Assim, é realizado o monitoramento constante de áreas de risco e são fornecidas informações sobre escorregamento de encostas, enxurradas e inundações que ocorram no território brasileiro. Há ainda previsão de trabalhos futuros que reúnam informações sobre outros eventos, como secas, descargas elétricas, ressacas, vendavais, granizo e outros que possam ocorrer e que são passíveis de monitoramento. Para esses trabalhos, porém, é necessária uma contrapartida dos municípios, que devem fazer a identificação, o mapeamento e o georreferenciamento das áreas de risco com processos hidrológicos e geológicos.

O Cemaden desenvolve também atividades de pesquisa científica, tecnológica e de inovação multidisciplinares e interdisciplinares nas áreas de meteorologia, recursos hídricos, geologia e desastres naturais em situações de impactos extremos em bacias hidrográficas urbanas e rurais. Buscam-se soluções para reduzir o tempo de resposta aos incidentes, novamente com o objetivo de diminuir o número de vítimas fatais dessas ocorrências e os prejuízos deixados por elas, aumentando a resiliência da sociedade a esses eventos.

Na área de meteorologia, o centro pesquisa as ocorrências de deslizamentos e enxurradas, com o propósito de melhorar a identificação dos limítrofes críticos de chuva e possibilitar a emissão de alertas com maior antecedência, desenvolvendo novas parametrizações em modelos atmosféricos com o intuito de prever as precipitações. Além disso, busca-se implantar novas técnicas de previsão por conjunto em modelos operacionais e realizar as devidas correções de possíveis erros sistemáticos de estimativas de volume das precipitações, bem como avaliar os resultados trazidos por essas técnicas. Visa-se também à implantação de modelos matemáticos (algoritmos) que façam a interação entre os dados colhidos por satélites, radares meteorológicos e sensores, para obter informações mais próximas do real e com maior resolução espacial, além de desenvolver modelos de risco de ocorrência de doenças e pragas, tendo como base parâmetros biometeorológicos e variáveis ambientais.

Quanto à área de hidrologia, o centro desenvolve modelos matemáticos de previsão e gera ferramentas de alerta contra inundação, cheias e enxurradas urbanas e rurais, além de estudar o impacto da urbanização sobre a geração desses eventos, contribuindo para o planejamento das áreas e auxiliando na redução da ocupação das áreas de risco. Objetiva-se também desenvolver estudos de avaliação dos impactos de intervenções estruturais e/ou não estruturais sobre a ocorrência de enchentes, inundações e enxurradas, o que se soma ao desenvolvimento de metodologias e *softwares* para análise de risco e seu gerenciamento, elencando-se ações de prevenção e implantação de planos de contingência.

Na área da geologia, o centro desenvolve estratégias de monitoramento da superfície nas diferentes regiões e relevos brasileiros, com vistas a melhorar a capacidade de prever deslizamento e escorregamento de encostas e dimensionar os limites iminentes dessas movimentações de massa, além de identificar e caracterizar cicatrizes desses movimentos para conhecer as áreas suscetíveis.

Por fim, na área de desastres naturais, casos de enxurradas e escorregamentos de massa, o centro desenvolve estudos de ocupação das áreas urbanas, principalmente ao redor das áreas que já sinalizam riscos. Busca-se criar ambientes computacionais para análise de risco e emissão de alertas por meio da integração de dados de observação, modelos e mapas de risco, incluindo informações socioeconômicas. Além disso, objetiva-se desenvolver inventários multidisciplinares sobre as ocorrências dessa natureza no Brasil no que diz respeito aos eventos, seus impactos sobre a população e a economia da região afetada, bem como análises das respostas do Poder Público ao incidentes. Visa-se também à criação de metodologias de avaliação de impactos no momento da emissão de alertas, vinculadas a recomendações para enfrentamento dos desastres e à difusão dessas informações.

# Para saber mais

Assista ao vídeo de curta duração sobre o Cemaden disponível na internet. Será de muita valia para seu entendimento sobre esse órgão e os desastres ocorridos no Brasil.

> BRASIL. Centro Nacional de Monitoramento e Alertas de Desastres Naturais. **Desastres naturais**. Disponível em: <http://www.cemaden.gov.br/videos.php>. Acesso em: 18 dez. 2016.

## Questão de pesquisa: Projeto Pluviômetros Automáticos

Pesquise e faça uma resenha sobre o Projeto Pluviômetros Automáticos, do Cemaden, vinculado ao Ministério da Ciência, Tecnologia e Inovação, e do Cenad, vinculado ao Ministério da Integração Nacional.

> BRASIL. Centro Nacional de Monitoramento e Alertas de Desastres Naturais. Projeto Pluviômetros Automáticos. Disponível em: <http://www.cemaden.gov.br>. Acesso em: 12 jan. 2017.

Para elaborar a resenha, considere a seguinte conceituação:

> *[...] relato minucioso das propriedades de um objeto, ou de suas partes constitutivas; é um tipo de redação técnica que inclui variadas modalidades de textos: descrição, narração e dissertação. Estruturalmente, descreve as propriedades da obra (descrição física da obra), relata as credenciais do autor, resume a obra, apresenta suas conclusões e metodologia empregada, bem como expõe um quadro de referências em que o autor se apoiou (narração) e, finalmente, apresenta uma avaliação da obra e diz a quem se destina (dissertação).* (Medeiros, 1997, p. 132)

# Síntese

Neste capítulo, examinamos as ações para melhorar a resposta a crises e desastres, entre elas o gerenciamento integrado entre as forças de segurança promovido pelo Ministério da Justiça, que busca reaproximar as diversas instituições do setor. O Programa Nacional de Segurança Pública com Cidadania (Pronasci) é um bom exemplo dos resultados positivos alcançados.

Vimos que o Plano Nacional de Segurança Pública (PNSP) do governo federal, lançado em 2000, tem o objetivo de unir forças entre os órgãos públicos e privados e representantes da sociedade civil organizada para o combate ao crime e à violência. Para tanto, foram lançados pelo Ministério da Justiça, por meio da Secretaria Nacional de Segurança Pública (Senasp), os Gabinetes de Gestão Integrada em Segurança Pública (GGIs), que discutem as políticas em segurança pública, além de dar outras providências em nível federal, estadual e municipal.

Outro gabinete citado foi o Gabinete de Gerenciamento de Crises (GGC), que se instala em situações reais para combater um evento adverso. Ele pode ser constituído por autoridades que atuam na segurança pública, presidido pelo secretário de Segurança Pública e Defesa Social. Nesse gabinete, são centralizadas e avaliadas as informações e tomadas as ações necessárias. São ações coordenadas de gerenciamento até o epílogo da crise, com o intuito de preservar a vida, o patrimônio e o meio ambiente: alarme (ciência do ocorrido pela autoridade responsável); resgate de vítima; isolamento do local; socorro aos vitimados; e busca e salvamento.

Vimos também que alguns fatores comuns em ocorrências podem dificultar o trabalho do gerente da crise. São eles: manutenção do isolamento do local; providência de equipamentos indispensáveis;

localização de autoridades; ingerências externas; falta de autonomia do policial ou bombeiro; e algumas atitudes da imprensa.

Tratamos também da administração de desastres. Para facilitar o gerenciamento nessas ocasiões, o Ministério da Integração Nacional, por meio da Secretaria Nacional de Proteção e Defesa Civil (Sedec), orienta o passo a passo para identificação e caracterização dos riscos. Nos Planos Diretores de Defesa Civil constam as fases do gerenciamento: prevenção de desastres; preparação para emergências e desastres; resposta aos desastres; e reconstrução.

Ainda neste capítulo, apresentamos a classificação dos danos e dos prejuízos, bem como o trabalho desenvolvido pelo o Centro Nacional de Gerenciamento de Riscos e Desastres (Cenad) e pelo Centro Nacional de Monitoramento e Alertas de Desastres Naturais (Cemaden), que exercem as atividades de monitoramento de desastres.

# Questões para revisão

1) Podemos afirmar que a política de segurança pública no Brasil busca:
   a. impedir a integração das forças de segurança.
   b. a interrupção das forças de segurança.
   c. a integração das forças de segurança.
   d. a internacionalização das forças de segurança nacional.

2) O Gabinete de Gestão Integrada (GGI) pode ser constituído pelas seguintes instituições:
   a. órgão da seguridade previdenciária e Organização Mundial da Saúde (OMS).
   b. órgãos de segurança federais, estaduais e municipais.

c. órgãos de segurança internacionais, Organização das Nações Unidas (ONU) e Fundo Monetário Internacional (FMI).

d. órgão de seguridade previdenciária e FBI (Agência Federal de Investigação dos Estados Unidos).

3) São membros natos do Gabinete de Gestão Integrada (GGI):
   a. comando geral do Corpo de Bombeiro e comando geral do Banco Central.
   b. diretor do sistema penitenciário e diretor da Agência Brasileira de Inteligência (Abin).
   c. diretor do sistema estadual de Defesa Civil e mediador (Secretaria Nacional de Segurança Pública – Senasp).
   d. comando geral do Banco Central e mediador (Senasp).

4) Entre as atribuições do Gabinete de Gestão Integrada (GGI), está:
   a. impedir a formação de grupos temáticos específicos.
   b. fortalecer a visão da coordenação como facilitador em articulações integradas.
   c. desmontar mecanismos de monitoramento e avaliação da tomada de decisão.
   d. catalogar as informações dos programas de prisão e tutela prisional.

5) O gerenciamento de crises consiste em viabilizar:
   a. o uso radical dos recursos em uma situação de crise.
   b. o uso institucional dos recursos em uma situação de crise.
   c. o uso internacional dos recursos em uma situação de crise.
   d. o uso racional dos recursos em uma situação de crise.

6) O comando de uma crise é exercido pelo:
   a. comandante de área de operações.
   b. gerente do departamento de operações.

c. gerente do setor de recursos.
   d. comandante do setor de recursos.

7) Os três critérios para tomada de decisão em casos de crise ou emergência são:
   a. necessidade, validade do risco e aceitabilidade.
   b. necessidade, volume do risco e ansiedade.
   c. validade do risco, ansiedade e aceitabilidade.
   d. validade da crise, necessidade e vulnerabilidade.

8) Danos e prejuízos podem ser, respectivamente:
   a. econômicos e sociais.
   b. materiais e sociais.
   c. sociais e humanos.
   d. humanos e econômicos.

9) O Gabinete de Gestão Integrada (GGI) pode ser integrado por órgãos de segurança federais, estaduais e municipais. Portanto, é uma tentativa de unir esforços para resolver questões de segurança. Qual é a importância desses esforços?

10) O gerenciamento de crises consiste em viabilizar o uso racional dos recursos em uma situação de crise. O gestor precisa estar atento e alinhado com as decisões mais assertivas para auxiliar na resolução da crise. Assim, conforme o que foi abordado até este ponto, quais são as principais características para administrar crises e desastres?

# Questões para reflexão

1) Os três critérios para tomada de decisão em casos de crise ou emergência são: necessidade, validade do risco e aceitabilidade. Você teria alguma dificuldade em identificar algum dos três critérios? Explique.

2) Entre os fatores que dificultam o gerenciamento das crises, são recorrentes: manutenção do isolamento do local, providência dos equipamentos necessários, localização de autoridades, ingerências externas, falta de autonomia do policial ou bombeiro e algumas atitudes da imprensa. Quais você vê como mais problemáticos para um gestor? Justifique.

# VI

# Sistema de Controle de Incidentes (SCI)

## Conteúdos do capítulo:

» Conceito de Sistema de Controle de Incidentes (SCI).
» Fundamentos, recursos e instalações do SCI.
» Cadeia de comando do SCI.

## Após o estudo deste capítulo, você será capaz de:

» identificar os nove principais fundamentos do SCI;
» reconhecer a cadeia de comando do SCI.

Neste capítulo, vamos tratar de uma ferramenta interessante, dada sua capacidade de contribuir para o gerenciamento e o enfrentamento de incidentes de causas naturais, antropogênicas ou mistas.

Trata-se do Sistema de Comando de Incidentes (SCI) ou *Incident Command System* (ICS), criado nos Estados Unidos da América, depois que uma série de incêndios florestais sem precedentes destruiu uma grande área no sudoeste da Califórnia. Para se evitarem novos desastres e para se prepararem para combater de forma efetiva os incidentes dessa natureza, várias autoridades do governo da Califórnia e os prefeitos das cidades da região reuniram esforços e articularam uma resposta, formando o *Firefighting Resources of California Organized for Potential Emergencies* (Firescope), que centralizou ações conjuntas de vários órgãos para combater esses eventos. No início dos trabalhos, foram observadas algumas situações gerenciais prejudiciais ao bom desenvolvimento das ações em campo onde atuavam diversos órgãos presentes, como:

» falta de uma estrutura de comando clara, definida e adaptável às situações, causando perda de tempo;
» dificuldade em estabelecer prioridades e objetivos comuns;
» falta de uma terminologia comum entre os órgãos envolvidos;
» falta de integração e padronização das comunicações;
» falta de planos e ordens consolidados.

Então, após resolver essas dificuldades e tendo em mãos uma quantidade significativa de dados levantados, somados aos esforços para chegar a um denominador comum, surgiu a primeira versão do SCI, em meados de 1970. Desde então, o sistema vem se aprimorando, agregando novas tecnologias e novas técnicas de ação. Como foi comprovado o nível de eficiência do sistema em várias ocorrências, em 28 de fevereiro de 2003, o então presidente dos Estados Unidos, George W. Bush, instituiu o *National Incident Management System* – Nims (Sistema Nacional de Gerenciamento de Emergências) e o *Incident Command System* – ICS (Sistema de Comando de Incidentes), declarando que o sistema deveria ser utilizado no gerenciamento de emergências e desastres em qualquer parte do território dos Estados Unidos, tornando-se, assim, a ferramenta oficial nesses eventos, independentemente de causa, intensidade, magnitude ou complexidade.

O SCI pode ser útil nas ações e nos preparos do início ao fim dos incidentes, contribuindo com as seguintes providências:

» desenvolvimento de planos de contingência ou emergência;
» avaliação de exercícios de ataque ao incidente;
» planejamento de eventos passíveis;
» operações de resposta a alguma situação.

O alto nível de planejamento é uma das grandes vantagens do sistema, assim como a forma de organização para atender a um evento sem depois causar outros danos em razão do envolvimento de quantidades diferentes de organizações e agentes públicos fazendo o que está ao seu alcance. Muitas vezes, são envolvidas organizações não governamentais (ONGs) cujos membros têm muita vontade de ajudar, mas podem não entender como funciona o sistema público e a necessidade de cumprir alguns ritos burocráticos, porém necessários à prestação de contas. Por vezes, ainda, estão envolvidas indústrias que precisam minimizar seus prejuízos e também podem não entender as leis ambientais que vigoram em determinado país. Por fim, temos a população em geral, que em muitos casos é a maior prejudicada com os desastres e exige uma resposta imediata para a situação.

O SCI chegou ao Brasil quando alguns profissionais da área de atendimento a emergências foram fazer aperfeiçoamentos nos Estados Unidos e viram a possibilidade de adotar esse sistema em território brasileiro, adaptando-o às realidades características de suas regiões. Esses profissionais enfrentavam problemas gerenciais similares aos enfrentados nos Estados Unidos em relação à coordenação das ações conjuntas em situações de desastres; contudo, problemas no gerenciamento são dificuldades cujas soluções estão ao alcance dos gestores, portanto precisam ser combatidas e eliminadas em nome de um bem maior, que é resolver o mais rapidamente possível e com poucos desgastes uma situação de desastre.

Com esse intuito, em alguns estados brasileiros, foram formados grupos de estudo de aprofundamento e possível implementação do sistema. Em estados como Paraná, Santa Catarina, São Paulo, Rio de Janeiro e no Distrito Federal, os trabalhos foram iniciados e a implantação do SCI se tornou uma realidade. Cada localidade viu a necessidade de adaptar o sistema ao seu contexto e, consequentemente, alterar a nomenclatura usada, como mostra o Quadro 6.1.

Quadro 6.1 – SCI – Nomenclaturas em algumas localidades brasileiras

| Localidade | Nomenclatura | Instituições |
|---|---|---|
| Paraná | SCO – Sistema de Comando em Operações | Defesa Civil |
| Santa Catarina | SCO – Sistema de Comando em Operações | Defesa Civil |
| São Paulo | SICOE – Sistema de Comando em Operações de Emergência | Corpo de Bombeiros Militar |
| Rio de Janeiro | SCI – Sistema de Comando de Incidentes | Defesa Civil e Corpo de Bombeiros Militar |
| Distrito Federal | SCI – Sistema de Comando de Incidentes | Secretaria de Segurança Pública do Distrito Federal |

O SCI é uma ferramenta de gestão destinada a todos os casos de desastres e tem a função de facilitar que o usuário seja integrado a uma estrutura organizada em que pode haver diversos órgãos envolvidos na resolução do fato, operando em sinergia para atuar nas ocorrências, independentemente, nesse momento, da área das instituições. Para gerar esse ambiente de integração e fazer que ele perpetue entre as instituições, alguns princípios são fundamentais. A doutrina brasileira considera nove deles como principais (Doria Junior; Fahning, 2007):

    1. terminologia comum;
    2. comunicações integradas;

3. comando unificado;
4. cadeia de comando;
5. alcance de controle;
6. plano de ação do incidente;
7. instalações padronizadas;
8. organização modular;
9. manejo integral de recursos.

Na sequência, vamos examinar cada um desses nove princípios.

## 6.1 Os nove princípios fundamentais do SCI

Vejamos como os nove princípios fundamentais do SCI podem ser definidos.

1. **Terminologia comum**: esse princípio fundamenta as questões ligadas aos termos e às nomenclaturas empregadas e busca a unificação da linguagem, tanto escrita como falada, e da sinalização, trazendo uma forma padronizada para organizar os recursos e ganhar tempo nesse quesito.
2. **Comunicação integrada:** a comunicação no modelo do SCI é integrada em uma única rede, em que todos utilizam os mesmos canais e frequências de rádio e compartilham da mesma terminologia, transmitindo de forma clara as informações.
3. **Comando unificado**: esse princípio se faz presente quando mais de uma organização de competência técnica e jurisdicional estão trabalhando juntas no mesmo incidente, demandando um comando de forma orquestrada das ações ao mesmo tempo que cada uma conserva sua autoridade, as responsabilidades cabíveis e cumpre suas obrigações. Assim, conseguem planejar suas atividades em conjunto, observados o ponto de vista

de cada organização e suas atribuições, articulando as ações em campo conforme suas competências e outros planejamentos que sejam necessários. Em conjunto, podem estabelecer os objetivos para cada período operacional, evitando desperdício de recursos ou que eles sejam mal empregados. O comando integrado também proporciona que as ações operacionais sejam cooperativas e as funções e as tarefas façam parte de um plano de ação único do incidente, ao qual todas as ações estão subordinadas. Mesmo que as decisões sejam colegiadas, há um único comandante no incidente, que vem da organização de maior pertinência ou competência legal para a situação. O comando unificado ainda apresenta algumas características que o identificam, por exemplo, o uso de instalações compartilhadas, como estacionamentos e depósitos, a existência de um posto de incidente, a atribuição de funções compartilhadas e um processo que centraliza a requisição de recursos, evitando que sejam movimentados mais recursos que o necessário, que os depósitos fiquem superlotados. Outro ponto de convergência é a existência de um único processo de planejamento, o plano de ação do incidente (PAI) – de que trataremos no Item 6.

4. **Cadeia de comando**: para organizar a comunicação, o sistema sugere uma hierarquia de comando: comandante do incidente, chefe, encarregado, coordenador, líder, supervisor. Essa disposição aumenta a eficácia da comunicação, pois cada pessoa somente responde a um único indivíduo designado na hierarquia, o que aumenta a eficácia no cumprimento das instruções.

5. **Alcance de controle**: esse fundamento refere-se ao número de pessoas sob o comando de um único indivíduo. O sistema indica que, para um bom controle e para que as ações possam ser realizadas com sucesso, uma pessoa deve supervisionar até sete pessoas, sendo que o ideal são cinco pessoas.

Assim, o controle é sempre mantido e a distribuição dos recursos facilitada.

6. **Plano de ação do incidente**: a literatura sobre o assunto informa que nas primeiras horas do incidente, mais precisamente nas quatro primeiras, na maior parte dos incidentes, não é necessário ter o plano por escrito, bastando que estejam claras na memória as ações a serem tomadas neste primeiro período, chamado de *fase reativa*. O plano de ação tem três divisões estruturais: objetivo, que são metas estipuladas pelo comando; estratégias, que determinam como alcançar as metas estabelecidas; e táticas, que são a parte operacional e estabelecem as tarefas e a função de cada um dos envolvidos, onde devem ser aplicados os esforços e quando as ações devem acontecer, facilitando o cumprimento dos objetivos definidos por meio do uso das estratégias escolhidas.

7. **Instalações padronizadas**: esse princípio prevê que, sempre que o SCI for utilizado, em qualquer lugar do país ou do mundo, serão seguidos os padrões de sinalização, sempre buscando os locais mais adequados para suas instalações, de fácil acesso ao local do incidente e com a melhor visão possível. Além disso, alguns postos, como posto de comando, área de espera, área de concentração de vítimas, base, são comuns a todos os eventos dessa natureza. Quanto ao tamanho da área das instalações, deve ser diretamente proporcional ao tamanho do incidente, podendo haver algumas adaptações conforme a chegada de mais recursos.

8. **Organização modular**: esse recurso permite unir posições de trabalho, de modo que possam ser expandidas, separadas ou retiradas, caso em que ocorre a contração das instalações.

9. **Manejo integral de recursos**: em se tratando de SCI, todos os recursos angariados e que estão a serviço do combate ao incidente, independentemente da instituição de origem,

enquanto estiverem a serviço do SCI, estarão subordinados ao comandante do incidente. Portanto, devem ser integrados ao sistema e movimentados conforme decisão do comando, para que seja possível ter maior controle e registro de sua utilização, localização e disponibilidade, evitando-se intromissões e garantindo-se a segurança do pessoal.

## 6.2 Recursos do SCI

Os recursos são a somatória de todos os equipamentos e suprimentos destinados às ações no local do incidente, bem como de todo o capital humano utilizado em sua resolução.

O SCI segrega os equipamentos quanto a duas características. A primeira é o **tipo**, que se refere ao nível de capacidade de trabalho do recurso, sua carga e número de pessoas que poderão utilizá-lo. A segunda é a **classe**, que identifica a função do recurso, por exemplo, viatura de salvamento, transporte de carga, guindaste, policiamento, transporte aéreo. Os recursos podem ser classificados também quanto à utilização ou estado. O SCI os dispõe em três estados, conforme o Quadro 6.2.

*Quadro 6.2 – Estado dos recursos*

| Estado do recurso | Descrição |
|---|---|
| Designado | Quando está empregado no local do evento. |
| Disponível | Quando está na área de espera, pronto para ser designado. |
| Indisponível | Quando não é possível utilizá-lo. |

Outra classificação considera o uso conjunto de recursos materiais e recursos humanos que atuam em campo. Nessa classificação, o sistema os divide em três:

1. **Recurso único**: formado por recurso material e aqueles que o utilizam, como uma viatura e seus integrantes, uma máquina retroescavadeira e seu operador, a ambulância e os socorristas, entre outros.
2. **Equipe de intervenção**: recursos únicos de mesma classe e tipo e que estão sob o comando de um único líder, restrito a uma área definida.
3. **Força-tarefa**: formada quando a ação utiliza recursos únicos de classes ou tipos diferentes. Deve agir na mesma área em atividade operacional particular, sob o comando de um único líder e com comunicação isolada das demais do evento.

Ainda com relação aos recursos, há determinações sobre seu gerenciamento e sua forma de utilização. São sugeridos cinco critérios básicos para balizar as escolhas relacionadas aos recursos:

1. avaliar e estabelecer os recursos necessários para o enfrentamento da situação que se apresenta;
2. estabelecer um processo coordenado de solicitação dos recursos;
3. indicar o modo de registro dos recursos;
4. empregar os recursos realizando ajustes e providenciando sua manutenção, caso seja necessário;
5. escolher o momento de retirar os recursos do evento.

Há, ainda, outras considerações que devem ser feitas no gerenciamento dos recursos. O comandante pode recusar sua entrada se constatar que não serão utilizados, por exemplo, além de barrar os recursos trazidos para o local sem sua solicitação.

### 6.2.1 As oito funções do SCI

O SCI se organiza por funções ou setores, muito similares ao sistema comentado no Capítulo 4; porém, faz-se necessária sua demonstração nos moldes do SCI. O sistema normatiza que as funções têm responsabilidades específicas para que as atividades transcorram sem contratempos, mitigando seus efeitos indesejáveis. As oito funções do SCI estão descritas sucintamente no Quadro 6.3.

*Quadro 6.3 – Funções do SCI*

| Nº | Função | Breve descrição da função |
|---|---|---|
| 1 | Comando do incidente (CI) | Exerce o comando de todas as atividades. Deve exercer o posto a pessoa de maior idoneidade, competência ou nível hierárquico. O comando deve: zelar pela segurança de todos, avaliar as prioridades, determinar os objetivos operacionais, desenvolver e executar o plano de ação do incidente e a estrutura organizacional, entre outras responsabilidades gerais de coordenação e administração do incidente. |
| 2 | Planejamento | Desenvolve a função de recolher, avaliar, difundir e utilizar as informações do incidente e manter o controle dos recursos e de sua utilização. Estão vinculadas a esta função as unidades de recurso, situação e documentação. |
| 3 | Operações | Exerce as ações operacionais de resposta ao incidente e as atividades especiais da operação. |
| 4 | Logística | Providencia instalações, serviços e materiais, entre outros recursos ligados à função. A ela estão subordinadas as unidades de comunicações, médica, de alimentação, de materiais, de instalações e de apoio terrestre. |
| 5 | Administração e finanças | Justifica, controla e registra todos os gastos e mantém a documentação para utilização posterior. As unidades de tempos, provedoria e custos são de sua responsabilidade. |

*(continua)*

*(Quadro 6.3 – conclusão)*

| | | |
|---|---|---|
| 6 | Segurança | Exerce a vigilância e a avaliação das situações perigosas e inseguras e estabelece medidas de segurança do pessoal, ficando responsável por todas as ações correlatas a esta função. |
| 7 | Informação pública | Informa o *status* da situação, expondo em quadros e mapas, por exemplo, as informações coletadas acerca dos trabalhos e resultados no incidente, tanto para os que estão trabalhando no incidente quanto para outros interessados. As informações cuja divulgação é essencial são: composição do pessoal e dos recursos; acidentes e feridos; tópicos de segurança; interesses da mídia; instalações de apoio; projeções do incidente; visitas de autoridades; sumário de custos; prioridades e pontos limites de resposta; tópicos ambientais; decisões do CI e ações bem-sucedidas. Locais como centro de informações públicas, área de reunião do CI, área de reunião tática e planejamento, área de orientação operacional são os que mais provavelmente podem necessitar de tais informações. |
| 8 | Ligação | Exerce a função de integração entre as instituições presentes no incidente e as que forem chamadas para atuar no local, buscando a sinergia nos trabalhos. |

## 6.3 Instalações do SCI

As instalações devem organizar e controlar os recursos e facilitar sua utilização. Alguns pontos são imprescindíveis para seu estabelecimento, como:

» necessidade prioritária;
» tempo de operação de cada instalação;
» custo do estabelecimento e da operação da instalação;

» elementos ambientais que podem afetar as instalações;
» condições de pessoal para garantir seu correto funcionamento.

As normativas do SCI definem que cada local seja identificado, dividido e sinalizado conforme as normas indicadas no próprio SCI; assim, as instalações ficam padronizadas e qualquer pessoa que tenha conhecimento do sistema consegue identificar suas áreas. As sinalizações devem ser feitas com placas diferenciadas por formatos geométricos, cores e inscrições, seguindo um padrão de medidas de fácil visualização, próximas a 90 cm. O Quadro 6.4 e a Figura 6.1, trazem exemplos dessas sinalizações.

*Quadro 6.4 – SCI – Sinalização das principais instalações*

| Posto | Geometria | Descrição e cores | Dimensões |
|---|---|---|---|
| Posto de comando | Retangular | Fundo alaranjado, com as iniciais PC em maiúsculo escritas em preto ao centro. | 90 × 110 cm |
| Área de espera | Circular | Fundo amarelo, com a letra E em maiúsculo escrita em preto ao centro. | 90 cm de diâmetro |
| Área de concentração de vítimas | Circular | Fundo amarelo com as iniciais ACV em maiúsculo escritas em preto ao centro. | 90 cm de diâmetro |

*Figura 6.1 – Exemplos de placas sinalizadoras de área*

| PC | E | ACV |
|---|---|---|
| Posto de comando | Área de espera | Área de concentração de vítimas |

Agora, vejamos quais são as funções de cada área.

» **Posto de Comando (PC)**: nessa instalação se encontram as pessoas que exercem a função de comando, como o comandante do incidente, o *staff* do comando e os oficiais de seção. Os limites físicos do posto de comando dependem de alguns quesitos ligados à situação ocorrida e a suas necessidades que devem ser analisados antes da instalação do local, para que a área e a estrutura sejam dimensionadas com mais precisão, sem riscos desnecessários. No entanto, independentemente de qualquer situação, a instalação deve ocorrer em todos os eventos em que for utilizado o SCI.

» **Área de espera (E)**: como em muitas situações de desastre são utilizados recursos de várias fontes e várias organizações, essa área é reservada à recepção e ao cadastro de entrada ou saída de todos os recursos utilizados no evento, facilitando sua devolução ao órgão de origem assim que não forem mais necessários ou a prestação de contas de sua utilização ao fim do evento. A área também exerce a função fundamental de manter os recursos separados e preparados para serem empregados no evento, devendo ser instalada em um lugar seguro, tanto para as pessoas quanto para os recursos materiais, o mais próximo possível do local afetado (o indicado é que o tempo de deslocamento de um recurso não exceda cinco minutos). Duas características são importantes para sua boa utilização: posicionamento das entradas e saídas de recursos em locais diferentes, facilitando o fluxo e o controle; capacidade de ampliação da área, para que possa acomodar novos recursos. Com essas providências, os recursos são utilizados com mais prudência, sua entrada no local afetado é facilitada e eles podem ser monitorados pelo comando, para que também possam retornar em segurança.

» **Área de concentração de vítimas (ACV):** é destinada à acomodação das vítimas trazidas dos locais atingidos, segundo a gravidade de seus ferimentos. Nessa área, as vítimas aguardam para serem removidas para os hospitais conforme a necessidade de seu atendimento; nos grandes centros, por exemplo, existem hospitais especializados em fraturas e queimaduras. Enquanto aguardam a remoção, as vítimas são monitoradas e reclassificadas pela equipe de atendimento pré-hospitalar, que as separa para triagem, transporte, estabilização e monitoramento ou para manejo, no caso de vítimas fatais.

Há outras instalações possíveis?

Dependendo da situação, outras instalações são necessárias, ficando a cargo do comandante do incidente liberar sua implantação. O SCI prevê três instalações opcionais: a base, o acampamento e a helibase, cuja sinalização deve seguir os preceitos do SCI, descritos no Quadro 6.5.

*Quadro 6.5 – SCI – Sinalização das instalações opcionais*

| Posto | Geometria | Descrição e cores | Dimensões |
|---|---|---|---|
| Base | Circular | Fundo amarelo, com a letra B em maiúsculo escrita em preto ao centro. | 90 cm de diâmetro |
| Acampamento | Circular | Fundo amarelo, com a letra A em maiúsculo escrita em preto ao centro. | 90 cm de diâmetro |
| Helibase | Circular | Fundo amarelo, com a letra H em maiúsculo escrita em preto ao centro. | 90 cm de diâmetro |

Como podemos notar pelas descrições, as representações gráficas das três áreas opcionais seguem o mesmo padrão da área principal de espera. Suas funções nas instalações estão descritas a seguir:

» **Base (B)**: nessa área se concentram as funções logísticas primárias. Em geral, é utilizada em grandes incidentes, bastando apenas uma, na maioria dos casos. Em incidentes como incêndios florestais, no entanto, quando existem diversas equipes espalhadas no combate ao incêndio, é necessário haver mais de uma. É comum a instalação do posto de comando no interior da base.

» **Acampamento (A)**: é a área destinada à acomodação das equipes, equipada e preparada com alojamentos, alimentação e instalações sanitárias. Como acontece com a base, podem ser estabelecidas quantas forem necessárias, mas, para melhor controle, devem ser indicadas por números ou nomes geográficos (norte, sul, por exemplo). Também é comum que seja instalada na base.

» **Helibase (H)**: é a área destinada aos helicópteros, para abastecimento, manutenção e estacionamento. Existem também os locais destinados a aterrissagem, decolagem, carregamento e descarregamento de pessoas, equipamentos e materiais. Tais locais são os helipontos, identificados com o mesmo padrão de placas das helibase, com o acréscimo de um número ao lado da letra H, dependendo da quantidade de aeronaves destacadas para o incidente.

## 6.4 Cadeia de comando

O SCI apresenta uma estrutura organizacional dividida em nível de atuação e responsabilidade, com posições e postos de trabalho predeterminados. A estrutura funciona hierarquicamente, e os recursos são adicionados e retirados conforme a necessidade de resposta aos acontecimentos e a evolução do incidente ocorrido. Demonstramos um exemplo simplificado da cadeia de comando na Figura 6.2. Posteriormente, comentaremos cada nível.

*Figura 6.2 – Estrutura hierárquica simplificada do SCI*

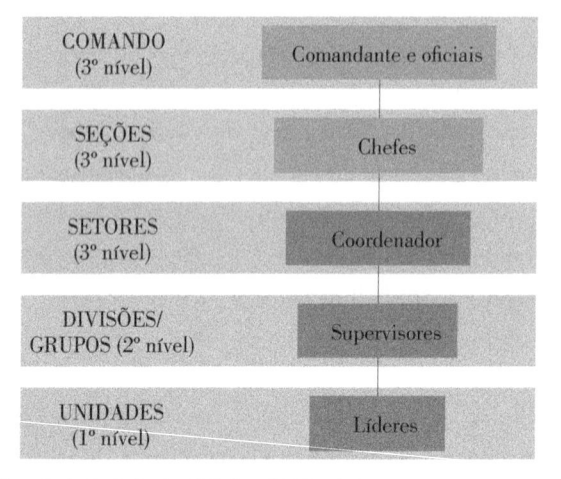

| | |
|---|---|
| COMANDO (3º nível) | Comandante e oficiais |
| SEÇÕES (3º nível) | Chefes |
| SETORES (3º nível) | Coordenador |
| DIVISÕES/ GRUPOS (2º nível) | Supervisores |
| UNIDADES (1º nível) | Líderes |

Fonte: Adaptado de Doria Junior; Fahning, 2007, aula 2.

### 6.4.1 Comando

O comandante do incidente tem como objetivo principal resguardar a vida daqueles que atuam no evento e das pessoas da comunidade afetada e de seu entorno, para onde o incidente pode evoluir. Assim, deve agir para controlar a situação, minimizando os efeitos danosos do evento e maximizando a utilização dos recursos designados em prol da vida. Além de salvaguardar a vida em primeira instância, também tem como diretriz a preservação de bens, na medida em que for possível fazê-lo, ao mesmo tempo que intervém no incidente.

É fundamental salientar que muitas vezes o comando do incidente é iniciado por alguém do nível operacional, que geralmente é o primeiro a chegar ao local. Se verificar que a situação é complexa, o nível operacional passa o comando às pessoas com mais autoridade ou conhecimento técnico ou, ainda, para outra instituição que tenha a competência técnica ou legal para dirigir as ações no incidente.

Essa transferência deve ser feita formalmente, com as devidas trocas de informações sobre *status* atual da situação, e comunicada ao Centro de Controle de Operações (CCO) e aos demais envolvidos no local do incidente. A troca precisa ser feita pessoalmente entre o comandante que está saindo, que deve transmitir detalhes pormenorizados que achar relevantes, e o que está assumindo. Entre as informações transmitidas, algumas são de caráter essencial, como:

» estado do incidente;
» situação atual de segurança;
» objetivos estabelecidos e suas prioridades;
» plano de comunicações;
» PAI e seu estado atual;
» estrutura atual organizacional e possíveis alterações.

Também são utilizados para essa tarefa registros, formulários, instrumentos de consulta e todo o material de apoio necessário ao bom posicionamento do novo comandante. Se for preciso, o comandante pode eleger uma equipe para auxiliá-lo, chamada *staff de comando*.

Essa equipe apoiará o comandante principalmente em caso de aumento das atividades no local, na chegada de novos recursos, na informação à sociedade sobre os trabalhos e a situação do incidente por meio da mídia e ainda em assuntos sobre a segurança e a constatação da necessidade de ampliar as instalações. Todas essas tarefas são de responsabilidade do comandante do incidente, podendo ser transferidas, ou não, ao *staff* de comando. A orientação do SCI é que o comandante exerça as funções mais ligadas a aspectos de decisão e análise e ao comando geral das atividades.

Ainda no nível do comando, a assessoria ao comando por meio do *staff* pode ser exercida por um profissional integrante do SCI, como um oficial da Polícia Militar ou bombeiro, um delegado, um agente ou um guarda municipal, que ocuparão uma função com responsabilidade definida, chamada *oficial*. São três os oficiais no posto de s*taff* do comando:

1. **Oficial de segurança**: tem a função de vigilância e ponderação de situações perigosas e inseguras. Elabora mecanismos para garantir a segurança das instalações e dos integrantes do evento. Deve se manter informado sobre as ações nas áreas do incidente e pode intervir, caso veja necessidade, em ações táticas inseguras no intuito de corrigi-las ou até paralisá-las. Deve também participar das reuniões de planejamento, auxiliando nas decisões e revisando o PAI, revisar e aprovar o plano médico, além de pesquisar e colher os dados dos acontecimentos ocorridos nas áreas do incidente.

2. **Oficial de informação pública**: é o elo entre a imprensa ou outra instituição que queira inteirar-se dos fatos ocorridos e a pessoa que responde pelo incidente. Ainda que cada instituição envolvida tenha seu porta-voz, durante o incidente deve haver somente uma pessoa exercendo essa função; os outros podem assessorá-la na missão de emitir notícias aos meios de imprensa e encaminhá-las ao posto de comando e a outras instâncias que forem necessárias. Toda informação a ser disponibilizada ao público deve ser verificada em reunião para atualização de notas à imprensa. A reunião deve acontecer com o consentimento e a aprovação do comandante do incidente, e a divulgação deve respeitar os limites estabelecidos por ele. Quando possível, deve ser constituído um único local de concentração de informações e tomadas as providências cabíveis para suprir esse ambiente com os insumos necessários para o bom desenvolvimento da função. É dever do oficial

de informação pública redigir uma súmula inicial de informações assim que chegar ao incidente, obtendo cópias dos formulários SCI 201, em que constam as informações básicas da situação do incidente e os recursos empregados, e SCI 211, em que é feito o controle dos recursos. A súmula deve ser encaminhada ao comando do incidente e suas informações devem ser atualizadas.

3. **Oficial de ligação**: exerce função similar à do oficial de informação pública, diferindo no que diz respeito ao público-alvo de sua atuação. Deve ser o elo entre os representantes das instituições que estejam internamente envolvidas no incidente, como policiais, bombeiros, Defesa Civil, ou daquelas que possam ser chamadas a intervir no incidente, como secretarias e órgãos de saúde, de obras públicas, companhias de energia elétrica ou de transporte, além de outras que se façam necessárias, sendo desejável a prévia apresentação de seus representantes. Entre suas obrigações, como no caso dos outros oficiais, está a de obter um resumo da situação junto ao comando do incidente. Deve, ainda, prover os representantes de cada instituição com uma forma de contato, identificando cada um deles, mapeando suas localizações e a forma de comunicação utilizada, além de prover a todo o pessoal do incidente o contato com outras organizações e ficar alerta para identificar problemas atuais ou que possam vir a ocorrer entre as organizações, tentando identificá-los com antecedência.

## 6.4.2 Seções

As seções são estruturadas para receber uma das funções específicas do incidente, formando o primeiro escalão abaixo do comando. São geridas pelos chefes de seção, subordinados diretamente ao comando do incidente. As seções formam quatro estruturas distintas:

1. **Planejamento**: tem a função de recolher, avaliar, difundir e usar a informação acerca do andamento do incidente, manter um controle da alocação dos recursos, preparar o PAI, definindo as ações de resposta ao incidente e a utilização dos recursos no decorrer de um período operacional. Nessa seção, também podem se formar unidades como: unidade de recursos, unidade de situação, unidade de documentação, unidade de desmobilização e especialistas. Estes podem ser convidados a se juntar ao pessoal da seção para auxiliar no planejamento de alguma ação, dada sua especialidade em alguma área, podendo ser da instituição ou externos. Para comandar essas unidades, é nomeado o chefe de seção. Cabe a ele iniciar as atividades da seção, determinar a estrutura organizacional interna e coordenar as atividades, além de obter breve informação do comando do incidente e, assim, decidir e designar o pessoal de intervenção de forma adequada, direcionando sua localização nos lugares corretos e garantindo o suporte aos integrantes da seção, tanto em segurança como em bem-estar. Deve, ainda, determinar as necessidades de informação e montar uma agenda para todo o SCI, bem como estabelecer um sistema que tenha informações meteorológicas, dependendo do incidente. Deve formalizar, junto à unidade de recursos, a própria estrutura da seção e fazer o planejamento de suas operações, definindo se há necessidade de solicitar profissional especializado. Supervisiona o preparo do PAI, organiza as informações para traçar ações alternativas, dispondo de previsões periódicas da evolução do evento, e distribui resumos da situação do incidente, além de reunir ou dispensar equipes de intervenção.

2. **Operações**: é a seção que implementa o PAI, dando resposta ao evento. Por esse motivo, sua estrutura acomoda a área de concentração de vítimas, a área de espera e os grupos e divisões. Sua chefia se responsabiliza por organizar a seção internamente e garantir o suporte aos integrantes, provendo a segurança e viabilizando os recursos em campo. Apoia o comando do incidente na definição dos objetivos da resposta ao incidente, trabalhando em conjunto com a seção de planejamento e contribuindo com a elaboração das ações operacionais, uma vez que chefia a parte operacional. Tendo em mãos o relatório sucinto do comando do incidente, transmite-o aos membros de sua seção, alocando os recursos em conformidade com o PAI. Como o chefe da seção supervisiona pessoalmente as operações em campo, ele tem condições de determinar quais recursos são necessários no momento e de providenciar sua solicitação, mantendo o comandante do incidente informado dos resultados em campo.

3. **Logística**: tem a responsabilidade de prover instalações, serviços e materiais, ou seja, faz toda a cadeia de suprimentos. Em caso de longa duração ou extensa área de impacto, a seção se torna primordial ao comando do incidente, ficando todo o seu contingente à disposição exclusivamente dele. A essa seção estão ligados dois setores: o de serviços, que, por sua vez, tem três unidades sob sua responsabilidade – médica, de comunicações e de custos –, e o de apoio, com mais três unidades – suprimentos, instalações e suporte. A seção é gerida por um chefe, que é o responsável por seu planejamento, fazendo a divisão de tarefas entre o pessoal da seção nos setores e nas unidades, delegando as que são de caráter preliminar, assegurando que os líderes das unidades e os coordenadores de setor tenham as informações primárias do incidente e garantindo

o suporte aos integrantes da seção, tanto em relação à segurança como quanto à infraestrutura e a materiais para uso pessoal. Também é função desse chefe participar da elaboração do PAI e revisá-lo, programando recursos para o período operacional subsequente, bem como fazer a identificação dos serviços e das necessidades de apoio para as operações planejadas e esperadas, apresentando-as ao comando prontamente em parecer sobre sua situação. Coordena e processa as solicitações de recursos adicionais e apresenta uma previsão futura. Outra atribuição pertinente ao cargo é a revisão do plano de comunicações e do plano de urgências e emergências médicas, pois eles têm de ser capazes de responder às situações, e elas podem mudar no decorrer do enfrentamento do evento adverso. Está sob sua responsabilidade também receber o plano de desmobilização vindo da seção de planejamento e indicar sua execução.

4. **Administração e finanças**: essa seção exerce a função de controlar as operações contábeis do incidente, fazendo o registro dos gastos, exercendo controle e buscando as justificativas de seus empenhos. Assim, seus trabalhos podem se estender por muito tempo depois do término do incidente. A seção se encarrega ainda de manter em dia a documentação destinada a processos indenizatórios, que, se não forem corretamente registrados, podem gerar muito desgaste aos que requerem algum tipo de indenização, seja de ordem pública, seja de ordem privada. No caso de os danos causados pelo incidente demandarem a decretação de uma situação de emergência ou estado de calamidade pública, os registros em posse dessa seção também são imprescindíveis para a Administração Pública e a sociedade. A seção se subdivide em três unidades: custos, provedoria e tempo. É administrada por um chefe que faz a organização interna, coordena as atividades e fornece a base aos integrantes no que tange à segurança e à comodidade.

### 6.4.3 Setores

Na hierarquia, o setor está logo abaixo de uma seção. Na seção de logística, por exemplo, encontramos o setor de serviços e apoio. Pode ser criado pelo comando do incidente e ter caráter funcional, ou seja, exercer uma função como a do setor de serviços, que atende a toda a área do incidente. Pode também ter caráter geográfico, isto é, ser delimitado por um perímetro em uma operação. O nível é dirigido por coordenadores.

### 6.4.4 Divisões e grupos

Divisões e grupos são uma estrutura montada na seção de operações, na qual se encontram também a área de espera e a área de concentração de vítimas. Dessa estrutura se forma um grupo ou uma divisão, a depender da atuação desejada. Em caso de atuação dentro de um espaço geográfico determinado, constitui uma divisão; em caso de atuação em uma função específica, constitui um grupo, podendo se deslocar de uma área para outra, conforme a necessidade do comando do incidente. Ambas assumem a categoria de recurso único, equipe de intervenção ou força-tarefa, dependendo da quantidade, tipo e classe de recursos.

Quando os recursos designados excedem o alcance sugerido de controle, ou seja, quando há mais de sete integrantes, deve ser iniciado outro grupo. Em uma operação, vários grupos podem atuar em uma divisão e o princípio do alcance também é utilizado – assim que o limite é extrapolado, é necessário expandir a estrutura e implantar um setor. Como se trata de uma estrutura dinâmica, assim que os recursos são retirados ou realocados, por consequência, a estrutura se contrai, respeitando o princípio do alcance de controle. A administração direta de um grupo ou divisão é feita por um supervisor.

### 6.4.5 Unidades

Unidades são estruturas formadas nas seções de planejamento, logística e administração e finanças, apoiando o desenvolvimento das atividades de cada seção. Podem se reunir em setores para melhor direcionamento das atividades, seguindo o princípio do alcance de controle. Na seção de planejamento, encontramos quatro unidades: a unidade de recursos, responsável por registrar e efetivar o controle dos recursos que estão na área do incidente; a unidade de situação, que processa as informações em tempo real no evento, confeccionando resumos, mapas e projeções que utilizam toda forma de recurso visual a seu alcance; unidade de documentação, cuja responsabilidade é prover a parte escrita do PAI, armazenar os documentos e disponibilizar as cópias a quem necessitar; unidade de desmobilização, instalada em eventos de grande magnitude ou complexidade, em que é necessário dispensar recursos, porém de forma ordenada, segura e buscando equacionar o custo-benefício de manter ou não aquele recurso no local do incidente. Na seção de logística, podemos citar dois setores e seis unidades e identificar suas atribuições, como veremos a seguir.

1. Setor de serviços:
   a. Unidade médica: elabora o plano médico, intervém com os primeiros socorros no incidente e redige os relatórios médicos, além de desenvolver o plano de transporte de vítimas utilizando os recursos disponíveis que se deslocarem com mais agilidade.
   b. Unidade de comunicações: desenvolve o plano de comunicações, distribui e mantém todos os tipos de equipamentos de comunicações e encarrega-se do centro de comunicações do incidente.

c. Unidade de custos: é responsável por coletar todos os dados sobre custos e apresentar orçamentos e recomendações que permitam economia de gastos.
2. Setor de apoio:
   a. Unidade de suprimentos: executa a atividade de relacionar o pessoal, equipamentos e materiais. Também é o local destinado a acomodar e manter os materiais, fazendo seu controle. Nessa unidade também são realizados os ajustes e consertos necessários dos equipamentos a serem usados no incidente.
   b. Unidade de instalações: tem como atributo edificar as instalações que forem possíveis e mantê-las durante as operações no incidente. É o apoio de segurança tanto às instalações quanto ao incidente em si, desenvolvendo suas tarefas nas bases e, caso haja acampamentos, deslocando-se pelo incidente sempre que solicitado o seu préstimo.
   c. Unidade de suporte ou apoio terrestre: oferece transporte e encarrega-se da manutenção dos veículos designados para o incidente.

Na seção de administração e finanças, localizamos três unidades de trabalho:
1. Unidade de custos: é aquela que se encarrega de coletar as informações relacionadas a custos. Realiza os orçamentos e as cotações de preços de materiais e equipamentos, buscando sinalizar as aquisições de melhor custo-benefício.
2. Unidade de provedoria: exerce a função de gerenciar os trâmites da documentação em relação a contratos de aluguel de equipamentos e materiais ou outros recursos que se façam necessários. Faz o relatório das horas trabalhadas dos recursos alugados.
3. Unidade de tempo: registra todas as horas trabalhadas, desde que a adesão ao evento seja corretamente registrada.

## 6.5 Primeiras ações ou procedimentos do SCI

A avaliação da situação deve ser feita sempre, mas especialmente no primeiro contato com o incidente. Para auxiliar o primeiro interventor do incidente, existem algumas questões básicas que podem guiá-lo para que a avaliação passada ao comando seja a mais completa possível. Ao chegar ao local para assumir as ações de gerenciamento do posto de comando, o gestor também deve tê-las como base. São as seguintes:

» Qual é a natureza do incidente?
» O que ocorreu?
» Quais são as ameaças presentes?
» Qual é o tamanho aproximado da área afetada?
» Como a situação pode evoluir?
» Como pode ser feito o isolamento da área?
» Quais são as capacidades presentes e futuras no que se refere a recursos e organização?
» Quais locais são adequados para iniciar as instalações do sistema e verificar as rotas seguras de entradas e saídas?

Ao assumir o evento, o comando do incidente deve observar os seguintes itens para estabelecer o posto de comando:

» segurança e visibilidade;
» facilidade de acesso e circulação;
» lugar distante da cena, dos ruídos e de confusão;
» capacidade de expansão física das instalações.

Nesse momento, também é importante estabelecer os perímetros do incidente, fixar os objetivos e determinar as estratégias, com a descrição do método a ser utilizado para atingir os objetivos. Também devem ser determinadas as necessidades de recursos e possíveis instalações, dando início ao preparo de informações e ao preenchimento de alguns formulários de nível básico que serão necessários posteriormente. São eles:

» **Formulário SCI 201**: é o registro das informações básicas sobre a situação do incidente e dos recursos já designados. É o formulário que registra a resposta inicial da intervenção, usado como base para os desdobramentos dos trabalhos e para outros formulários. Contém informações básicas, porém importantes. Nele são registrados: nome do incidente, mapa ou croqui do local, resumo preliminar do incidente, primeiras respostas e planejamentos, estrutura organizacional, além do registro inicial dos recursos, cujo controle é feito por meio de outros formulários.

» **Formulário SCI 206**: é utilizado para registro das pessoas feridas na área e controle de vítimas. Nos seus registros é possível obter as seguintes informações: gravidade dos ferimentos, nome, idade e referências sobre a movimentação da vítima, para onde foi levada, que horas aconteceu e quem fez o transporte.

» **Formulário SCI 211**: de início, é preenchido no posto de comando, porém, em situações de maior complexidade, pode ser de responsabilidade da seção de operações, para controle dos recursos da sua área de espera. Nele estão registradas informações como lista de pessoal e recursos por nome da instituição de origem.

» **Formulário SCI 219**: nesse formulário estão registrados os recursos e seu estado de utilização. Em geral, é preenchido no posto de comando e, em casos mais complexos, é vinculado à seção de planejamento e controlado por ela.

Existem outros formulários, porém não fazem parte do nível básico:

- » **Formulário SCI 202**: são registrados os objetivos traçados no PAI, base para a descrição dos objetivos para cada período, desde o operacional, de estratégia, até o de recursos e organização. Esse formulário é elaborado pela seção de planejamento.
- » **Formulário SCI 204**: é registrada a utilização dos recursos, os locais para onde foram designados e seus respectivos líderes.
- » **Formulário SCI 205**, ou plano de comunicações: são registradas as comunicações, a forma como ocorreram, quando ocorreram, entre outros dados.
- » **Formulário SCI 215**: utilizado pelo planejamento operacional, é o principal instrumento de controle ao dispor do chefe da seção de operações (CSO). Com esse formulário, o CSO consegue conduzir reuniões táticas e arquitetar o plano tático seguindo sua estrutura.
- » **Formulário SCI 234**: é preenchido após o estabelecimento dos objetivos do incidente, permitindo aos chefes das seções de operações e planejamento que somem esforços para estabelecer as estratégias e táticas a serem tratadas na posterior reunião tática.

## Para saber mais

Leia o artigo "O incêndio na Ultracargo: uma análise preliminar", indicado a seguir.

BUCKA. **O incêndio na Ultracargo**: uma análise preliminar. 29 abr. 2015. Disponível em: <http://www.bucka.com.br/o-incendio-na-ultracargo-uma-analise-preliminar/>. Acesso em: 15 dez. 2016.

Leia também a *Carta de Santos*, resultado do Fórum Incêndio Alemoa – O que ocorreu e o que precisa mudar, ocorrido na Associação de Engenheiros e Arquitetos de Santos (SP), em 20 de maio de 2015.

CARTA de Santos. Santos, 20 maio 2015. Disponível em: <http://www.creasp.org.br/uploads/fotonoticia/2015/06/f69f0-foto-carta_santos2015.pdf>. Acesso em: 12 jan. 2017.

## Síntese

Neste capítulo, abordamos o Sistema de Controle de Incidentes (SCI), desde suas origens nos Estados Unidos até sua adoção no Brasil. Como vimos, trata-se de uma ferramenta de gestão para todos os casos de desastres que tem como base nove princípios: terminologia comum; comunicações integradas; comando unificado; cadeia de comando; alcance de controle; plano de ação do incidente; instalações padronizadas; organização modular; e manejo integral de recursos.

O SCI classifica os recursos, dividindo-os em: recurso único, equipe de intervenção e força-tarefa. Organiza a estrutura interna em funções, conforme visto no Quadro 6.3, além de organizar as instalações em três módulos principais: posto de comando, área de espera e área de concentração de vítimas. Prevê ainda três módulos opcionais: base, acampamento e helibase.

Outra contribuição valorosa do SCI é o estabelecimento de uma cadeia de comando dividida em níveis de atuação e responsabilidade, com posições e postos de trabalho predeterminados.

# Questões para revisão

1) A sigla SCI significa:
   a. Sistema de Controle e Integração.
   b. Sistema de Coordenação de Incêndio.
   c. Sistema de Comando de Incêndio.
   d. Sistema de Comando de Incidentes.

2) Qual situação não configura motivo para o desenvolvimento do SCI?
   a. Falta de integração e patenteamento de comando e recursos.
   b. Falta de uma estrutura de comando clara, definida e adaptável.
   c. Falta de uma terminologia comum entre os órgãos envolvidos.
   d. Falta de planos e ordens consolidados.

3) O SCI pode ser útil nas ações, providenciando:
   a. avaliação de recursos de ataque ao incidente.
   b. planejamento de eventos impossíveis.
   c. operações de patrulha em situações de emergência, somente.
   d. desenvolvimento de planos de contingência ou emergência.

4) São princípios fundamentais do SCI:
   a. terminologia comum, comunicações integradas e cadeia de comando.
   b. cadeia de comando, comunicação paralela e plano de ação.
   c. organização celular, manejo individual de recursos e instalações padrão.
   d. cadeia de comando, alcance de rádio e comando unificado.

5) O comando unificado se instala:
   a. quando mais de uma organização está agindo conjuntamente no incidente.
   b. quando é necessário o poder absoluto no incidente.
   c. somente em operações internacionais.
   d. somente em operações em território nacional.

6) Recursos em um incidente são considerados a somatória de:
   a. edifícios, material de construção e capital financeiro.
   b. suprimentos, danos e posto de comando.
   c. equipamentos, suprimentos e capital humano.
   d. posto de comando, prejuízos e material de construção.

7) Quanto ao emprego dos recursos, eles podem estar:
   a. desligados, indisponíveis e designados.
   b. designados, disponíveis e indisponíveis.
   c. desalinhados, indisponíveis e disponíveis.
   d. desligados, desalinhados e designados.

8) Os três postos principais, segundo normativas do SCI, são:
   a. posto avançado, área de coleta e área de concentração de vítimas.
   b. posto de comando, área de espera e área de concentração de vítimas.
   c. posto de comando, área de coleta e área de controle de vítimas.
   d. posto avançado, área de espera e área de concentração de vítimas.

9) As situações que motivaram o desenvolvimento do SCI foram as seguintes:
   » falta de uma estrutura de comando clara, definida e adaptável;
   » falta de uma terminologia comum entre os órgãos envolvidos;
   » falta de planos e ordens consolidados.
   Qual é a origem do SCI?
10) Quais são os princípios fundamentais do SCI?

## Questão para reflexão

1) Recursos em um incidente são a somatória de todos os equipamentos, suprimentos e o capital humano. Você pode relacionar os recursos necessários em uma enchente?

Chegamos ao fim desta jornada de estudos. Esperamos que você tenha aproveitado as horas de estudo e utilize os valorosos conhecimentos adquiridos tanto em sua carreira profissional quando em sua vida privada, uma vez que esse saber lhe permitirá agir em favor da sociedade em ações de prevenção junto à Defesa Civil de sua cidade.

Com a leitura atenta do conteúdo deste livro, você poderá também iniciar a organização de um Plano de Apoio Mútuo (PAM) entre as empresas da região onde trabalha ou, ainda, iniciar o preparo de um Núcleo Comunitário de Prevenção e Defesa Civil (Nupdec) na região onde mora. As possibilidades são inúmeras e as ações dependem de cada um de nós. Todos podemos contribuir para a mudança de consciência e a formação da cultura de prevenção no Brasil.

para concluir...

# lista de siglas

ABNT – Associação Brasileira de Normas Técnicas
ACV – Área de concentração de vítima
Avadan – Avaliação de Danos
CCO – Centro de Controle de Operações
Cetren – Centro de Treinamento de Pessoal em Defesa Civil
CF – Constituição Federal
CI – Comando do incidente
Codar – Codificação de Desastres, Ameaças e Riscos
Compdec – Coordenadoria Municipal de Proteção e Defesa Civil
Conpdec – Conselho Nacional de Proteção e Defesa Civil
Corpdec – Coordenadoria Regional de Proteção e Defesa Civil
CPDC – Comissão Permanente de Defesa Civil
CSO – Chefe da seção de operações
E – Área de espera
EPI – Equipamento de proteção individual
EPR – Equipamento de proteção respiratória
FBI – Federal Bureau of Investigation (Agência Federal de Investigação dos Estados Unidos)
Funcap – Fundo Especial para Calamidades Públicas
GAD – Grupo de ação direta
GGI – Gabinete de Gestão Integrada

GGIE – Gabinete de Gestão Integrada Estadual
GGIM – Gabinete de Gestão Integrada Municipal
NBR – Norma Brasileira (ABNT)
Nopred – Notificação Preliminar de Desastres
NPT – Norma de Procedimento Técnico
Nupdec – Núcleo Comunitário de Proteção e Defesa Civil
ONG – Organização não governamental
PAI – Plano de ação do incidente
PC – Posto de comando
PIB – Produto Interno Bruto
PCT – Posto de comando tático
PNSP – Plano Nacional de Segurança Pública
Pronasci – Programa Nacional de Segurança Pública com Cidadania
Samu – Serviço de Atendimento Móvel de Urgência
SCI – Sistema de Controle de Incidentes
Sedec – Secretaria Nacional de Proteção e Defesa Civil
Sesp – Secretaria Estadual de Segurança Pública
Siate – Serviço Integrado de Atendimento ao Trauma em Emergência
Sinpdec – Sistema Nacional de Proteção e Defesa Civil
Susp – Sistema Único de Segurança Pública

ABIN – Agência Brasileira de Inteligência. Disponível em: <http://www.abin.gov.br/>. Acesso em: 11 dez. 2016.

ABNT – Associação Brasileira de Normas Técnicas. **NBR 13860**: glossário de termos relacionados com a segurança contra incêndio. Rio de Janeiro, 1997.

_____. **NBR 14023**: registro de atividades de bombeiros. Rio de Janeiro, 1997b.

_____. **NBR 14276**: brigada de incêndio: requisitos. Rio de Janeiro, 2006.

_____. **NBR 14608**: bombeiro profissional civil. Rio de Janeiro, 2007.

_____. **NBR 15219**: plano de emergência contra incêndio: requisitos. Rio de Janeiro, 2005.

ALVES, H. R. **O rompimento de barragens no Brasil e no mundo**: desastres mistos ou tecnológicos? Disponível em: <http://www.domhelder.edu.br/uploads//artigo_HRA.pdf>. Acesso em: 11 dez. 2016.

AMORA, A. S. **Minidicionário Soares Amora da língua portuguesa**. São Paulo: Saraiva, 1997.

ARAÚJO, F. A. G. **Prevenção e combate a incêndios**: PCI. Versão 2. São Paulo, 2008.

ARAÚJO, S. B. de. **Manual de planejamento de emergência**. MPE 01/99. Rio de Janeiro, 2000.

ASSOCIAÇÃO HUMANITÁRIA DOS BOMBEIROS VOLUNTÁRIOS DE PAÇO DE SOUSA. **Flashover**. 2013. Disponível em: <http://www.bombeiros.pt/wp-content/uploads/2013/06/FlashOver-BVPacosdeSousa.pdf>. Acesso em: 15 dez. 2016.

BAHIA (Estado). Secretaria da Segurança Pública. Polícia Civil. **Gerenciamento de crises**. [S.l.], 2008.

BELCHIOR, G. P. N.; PRIMO, D. de A. S. A responsabilidade civil por dano ambiental e o caso Samarco: desafios à luz do paradigma da sociedade de risco e da complexidade ambiental. **Revista Jurídica da UNI7**, Fortaleza, v. 13, n. 1, p. 10-30, jan./jun. 2016. Disponível em: <http://www.uni7setembro.edu.br/periodicos/index.php/revistajuridica/article/view/38/28>. Acesso em: 28 mar. 2017.

BERNARDI, J. **A organização municipal e a política urbana**. Curitiba: InterSaberes, 2012.

BLEVE. In: **Glossário do incêndio**. Disponível em: <http://www.bombeiros.com.br/br/bombeiros/glossario.php>. Acesso em: 11 dez. 2016.

BRASIL. Constituição (1988). **Diário Oficial da União**, Brasília, 5 out. 1988. Disponível em: <http://www.planalto.gov.br/ccivil_03/Constituicao/Constituicao.htm>. Acesso em: 15 dez. 2016.

_____. Decreto n. 895, de 16 de agosto de 1993. **Diário Oficial da União**, Poder Executivo, Brasília, DF, 17 ago. 1993. Disponível em: <http://www.planalto.gov.br/ccivil_03/decreto/d0895.htm>. Acesso em: 11 dez. 2016.

_____. Decreto n. 5.376, de 17 de fevereiro de 2005. **Diário Oficial da União**, Poder Executivo, Brasília, DF, 18 fev. 2005. Disponível em: <http://www.planalto.gov.br/ccivil_03/_ato2004-2006/2005/Decreto/D5376.htm>. Acesso em: 11 dez. 2016.

BRASIL. Decreto n. 7.257, de 4 de agosto de 2010. **Diário Oficial da União**, Poder Executivo, Brasília, DF, 5 ago. 2010a. Disponível em: <http://www.planalto.gov.br/ccivil_03/_ato2007-2010/2010/Decreto/D7257.htm>. Acesso em: 11 dez. 2016.

_____. Decreto n. 8.980, de 1º de fevereiro de 2017. Diário Oficial da União, Poder Executivo, Brasília, DF, 2 fev. 2017. Disponível em: <http://www.planalto.gov.br/ccivil_03/_ato2015-2018/2017/decreto/D8980.htm>. Acesso em: 27 mar. 2017.

_____. Lei n. 11.901, de 12 de janeiro de 2009. **Diário Oficial da União**, Poder Executivo, Brasília, DF, 13 jan. 2009a. Disponível em: <http://www.planalto.gov.br/ccivil_03/_ato2007-2010/2009/lei/l11901.htm>. Acesso em: 11 dez. 2016.

_____. Lei n. 12.340, de 1º de dezembro de 2010. **Diário Oficial da União**, Poder Executivo, Brasília, DF, 2 dez. 2010b. Disponível em: <http://www.planalto.gov.br/ccivil_03/_ato2007-2010/2010/lei/l12340.htm>. Acesso em: 11 dez. 2016.

_____. Lei n. 12.608, de 10 de abril de 2012. **Diário Oficial da União**, Poder Executivo, Brasília, DF, 11 abr. 2012a. Disponível em: <http://www.planalto.gov.br/ccivil_03/_Ato2011-2014/2012/Lei/L12608.htm>. Acesso em: 11 dez. 2016.

_____. Lei n. 12.983 de 2 de junho de 2014. **Diário Oficial da União**, Poder Executivo, Brasília, DF, 3 jun. 2014a. Disponível em: <http://www.planalto.gov.br/CCIVIL_03/_Ato2011-2014/2014/Lei/L12983.htm>. Acesso em: 11 dez. 2016.

BRASIL. Ministério da Integração Nacional. **Construindo cidades resilientes**. 3 abr. 2013. Disponível em: <http://www.mi.gov.br/cidades-resilientes>. Acesso em: 15 dez. 2016.

_____. **Histórico**. 13 jun. 2011. Disponível em: <http://www.mi.gov.br/historico>. Acesso em: 15 dez. 2016.

_____. **Programas e ações**: Secretaria Nacional de Proteção e Defesa Civil. 18 mar. 2012b. Disponível em: <http://www.mi.gov.br/web/guest/defesa-civil/programas-e-acoes_sedec>. Acesso em: 15 dez. 2016.

BRASIL. Ministério da Integração Nacional. Secretaria Nacional de Proteção e Defesa Civil. **Manual de Planejamento em Defesa Civil**. Brasília: Imprensa Nacional, 1999b. v. I.

_____. **Manual de Planejamento em Defesa Civil**. Brasília: Imprensa Nacional, 1999c. v. II.

_____. **Conferência geral sobre desastres**: para prefeitos, dirigentes de instituições públicas e privadas e líderes comunitários. Brasília, 2007.

BRASIL. Ministério da Justiça. Secretaria Nacional de Segurança Pública. **Curso Planejamento Estratégico**: Módulo 1. Fábrica de Cursos, 2009a.

_____. **SCI – Sistema de Comando de Incidentes**. Fábrica de Cursos, 2009b.

_____. Senasp. Disponível em: <http://www.justica.gov.br/sua-seguranca/seguranca-publica/senasp>. Acesso em: 28 mar. 2017.

BRASIL. Ministério do Meio Ambiente. Instituto Brasileiro do Meio Ambiente e dos Recursos Naturais Renováveis. **GEO BRASIL 2002**: perspectivas do meio ambiente no Brasil. Brasília: Ibama, 2002. Disponível em: <http://ibama.gov.br/sophia/cnia/site_cnia/geo_brasil_2002.pdf>. Acesso em: 28 mar. 2017.

BRASIL. Ministério do Trabalho. **NR 23**: proteção contra incêndios. Brasília, 2014b.

BUCKA. **O incêndio na Ultracargo**: uma análise preliminar. 29 abr. 2015. Disponível em: <http://www.bucka.com.br/o-incendio-na-ultracargo-uma-analise-preliminar/>. Acesso em: 15 dez. 2016.

CALDAS AULETE, F. J. de. **Dicionário contemporâneo da língua portuguesa**. 5. ed. Rio de Janeiro: Delta, 1986.

CARVALHO, W. Reconhecimento de situação de emergência e estado de calamidade pública. 2012. Disponível em:<http://www.mi.gov.br/c/document_library/get_file?uuid=f8d7817c-fc50-4b0a-b643-b686ef26cd32&groupId=185960>. Acesso em: 28 mar. 2017.

CASTRO, A. L. C. Manual de desastres. Brasília: Ministério da Integração Nacional; Secretaria Nacional de Defesa Civil, 2003. v. 1 (Desastres naturais). Disponível em: <http://www.mi.gov.br/c/document_library/get_file?uuid=47a84296-d5c0-474d-a6ca-8201e6c253f4&groupId=10157>. Acesso em: 28 mar. 2017.

_____. **Segurança global da população**. Brasília: Ministério da Integração Nacional; Secretaria Nacional de Defesa Civil, 2007. Disponível em: <http://mi.gov.br/c/document_library/get_file?uuid=618ce54d-5e77-4aa5-a606-9ffa6f47038a&groupId=10157>. Acesso em: 11 dez. 2016.

CEARÁ (Estado). Secretaria da Segurança Pública e Defesa Social. Gabinete de Crises. **Gabinete de Gerenciamento de Crises**. Disponível em: <http://www.sspds.ce.gov.br/canalDetalhado.do?tipoPortal=1&codCanal=163&titulo=Conhe%E7a%20a%20SSPDS&action=detail>. Acesso em: 15 dez. 2016.

COELHO, L. C. A.; ARAUJO, J. C. L. **Brigadas de incêndio, prevenção e condutas**: evitar a eclosão do incêndio é a melhor estratégia. Fortaleza. Disponível em: <http://www.defesacivil.ce.gov.br/index.php?option=com_phocadownload&view=category&id=63:&download=256:_-p&Itemid=1>. Acesso em: 15 dez. 2016.

COELHO, R. C. **O público e o privado na gestão pública**. 2. ed. Florianópolis: Departamento de Ciências da Administração/UFSC, 2012.

COTTA, F. A. Gestão de eventos de defesa social de alto risco. In: FÓRUM BRASILEIRO DE SEGURANÇA PÚBLICA, 3., 2009, Vitória. Disponível em: <http://www.bibliotecapolicial.com.br/upload/documentos/GESTAO-E-DEFESA-SOCIAL-DE-ALTO-RISCO-21069_2011_4_26_39_35.pdf>. Acesso em: 11 dez. 2016.

CURITIBA, Coordenadoria Municipal e Proteção e Defesa Civil. **Programa Conhecer para Prevenir**. Disponível em: <http://www.defesacivil.curitiba.pr.gov.br/Programa.aspx>. Acesso em: 18 dez. 2016.

CURITIBA. Decreto Municipal n. 944, de 29 de junho de 2012. **Diário Oficial do Município de Curitiba**, 3 jul. 2012. Disponível em: <http://www.jusbrasil.com.br/diarios/85482375/dom-ctba-normal-03-07-2012-pg-13>. Acesso em: 18 dez. 2016.

DAGNINO, R. P. **Planejamento estratégico governamental**. 2. ed. Florianópolis: Departamento de Ciências da Administração/ UFSC, 2012.

DEMATÉ, D. A. **Os perigos de um incêndio de progresso rápido enfrentado pelos combatentes, fenômenos chamados Flashover e Backdraft**. Curso de Formação de Soldados. Florianópolis, 2012. Disponível em: <https://biblioteca.cbm.sc.gov.br/biblioteca/index.php/component/docman/doc_download/172-daniel-alfredo-demate>. Acesso em: 15 dez. 2016.

DE SOUZA, W. M. **Gerenciamento de crises**: negociação e atuação de grupos especiais de polícia na solução de eventos críticos. 112f. Monografia (Curso de Aperfeiçoamento de Oficiais). Polícia Militar do Estado de São Paulo. Centro de Aperfeiçoamento e Estudos Superiores, São Paulo, 1995.

DISTRITO FEDERAL. Corpo de Bombeiros Militar. **Manual de Sistema de Comando de Incidentes (SCI)**. Brasília, 2011. Disponível em: <http://bibliotecamilitar.com.br/wp-content/uploads/2016/02/manualsci_livrov6.pdf>. Acesso em: 11 dez. 2016.

DORIA JUNIOR, I.; FAHNING, J. R. da S. **Gerenciamento de crises no contexto policial**. Brasília: Rede Nacional de Educação a Distância para a Segurança Pública, 2007.

_____. **Gerenciamento de crises**. Brasília: Rede Nacional de Educação a Distância para a Segurança Pública, 2008.

ENBC – Esquadrão Nacional de Bombeiros Civis e Voluntários. **Breve história sobre os bombeiros no Brasil e no mundo**. Disponível em: <http://bombeirocivilrn.com/educacao/breve-historia-sobre-os-bombeiros-no-brasil-e-no-mundo/>. Acesso em: 15 dez. 2016.

ENCICLOPÉDIA BARSA. Rio de Janeiro/São Paulo: Encyclopaedia Britannica Consultoria Editorial, 1994. v. 12.

ENCICLOPÉDIA DA EDUCAÇÃO BÁSICA SECUNDÁRIA. Curitiba: Editora Educacional Brasileira, 1974. (Biologia, Química, Física, v. 3).

ENCICLOPÉDIA DELTA UNIVERSAL. Rio de Janeiro: Delta, 1986. v. 8.

ESTADO de calamidade pública x Situação de emergência. Folha de S. Paulo, 7 abr. 2010, para entender Direito. Disponível em: <http://direito.folha.uol.com.br/blog/estado-de-calamidade-pblica-x-situao-de-emergncia>. Acesso em: 28 mar. 2017.

FERREIRA, A. B. H. **Minidicionário Aurélio**. Rio de Janeiro: Nova Fronteira, 1985.

FONSECA, A. **Biologia**. São Paulo: Ática, 1979.

FURTADO, J. et al. **Capacitação básica em defesa civil**. 5. ed. Florianópolis: Ceped/UFSC, 2014.

JUSTIÇA GLOBAL. **Vale de lama**. Relatório de inspeção em Mariana após o rompimento da barragem de rejeitos do Fundão. [S.l.], 2016. Disponível em: <http://www.global.org.br/wp-content/uploads/2016/03/Vale-de-Lama-Justi a-Global.pdf>. Acesso em: 15 dez. 2016.

KRÜGER, J. E. B. **Capacitação dos gestores da Defesa Civil para uso do Sistema Integrado de Informações sobre Desastres (S2ID)**. Florianópolis: CAD/UFSC, 2012. Disponível em: <http://mi.gov.br/c/document_library/get_file?uuid=ef4651d8-e5dd-4113-b133-ec13508e19bd&groupId=10157>. Acesso em: 11 dez. 2016.

KRÜGER, J. E. B.; FERREIRA, F. L. F.; MAGALHÃES, T. G. **Curso de capacitação para usuários do Sistema integrado de informações sobre desastres**: S2ID – módulos de registro e de reconhecimento. 3. ed. Florianópolis: CAD/UFSC, 2014.

LAMELA, A. Crime que originou "Síndrome de Estocolmo" completa 40 anos. **Exame**, 23 ago. 2013. Tecnologia. Disponível em: <http://exame.abril.com.br/tecnologia/noticias/crime-que-originou-sindrome-de-estocolmo-completa-40-anos>. Acesso em: 15 dez. 2016.

LEITE JÚNIOR, A. D. **Desenvolvimento e mudanças no Estado brasileiro**. Florianópolis: Departamento de Ciências e Administração/UFSC, 2012.

LICASTRO, R. A. **Estado de necessidade justificante e estado de necessidade exculpante**: teoria unitária e teoria diferenciada. Disponível em: <https://raullica.jusbrasil.com.br/artigos/177527010/estado-de-necessidade-justificante-e-estado-de-necessidade-exculpante-teoria-unitaria-e-teoria-diferenciada>. Acesso em: 15 dez. 2016.

LOPES, F. **Gerenciamento de crises**: uma necessidade no contexto do sistema de transporte sobre trilhos. dez. 2006. Disponível em: <http://www.defesacivil.pb.gov.br/documentos/doc_download/1007-gerenciamento-de-crise-em-ferrovias>. Acesso em: 11 dez. 2016.

MACEDO, N. D. **Iniciação à pesquisa bibliográfica**: guia do estudante para a fundamentação do trabalho de pesquisa. 2. ed. São Paulo: Loyola, 1994.

MACHADO, M. C. P. **Coleção Armamento**: armas, munições e equipamentos policiais. Cascavel: Gráfica Tuicial, 2010.

MALMEGRIN, M. L. **Gestão operacional**. 2. ed. Florianópolis: Departamento de Ciências e Administração/UFSC, 2012.

MARGARIDA, C.; NASCIMENTO, C. A. do. **Manual de Defesa Civil**. Florianópolis: Ceped/UFSC, 2009. Disponível em: <http://www.defesacivil.sc.gov.br/index.php/banco-de-precos/doc_view/89-manual-de-defesa-civil.html>. Acesso em: 15 dez. 2016.

MARTINS, M. H. M.; SPINK, M. J. P. O uso de tecnologias de comunicação de riscos de desastres como prática preventiva em saúde. **Interface**, Perdizes, v. 19, n. 54, p. 503-514, 2015.

MEDEIROS, J. B. **Redação científica**: a prática de fichamentos, resumos, resenhas. São Paulo: Atlas, 1997.

MONTEIRO, R. das C. **Manual de gerenciamento de crises**. 7. ed. Brasília, DF: Ministério da Justiça/Academia Nacional de Polícia/ Departamento de Polícia Federal, 2004.

NAHAS, F. X.; HOCHMAN, B.; FERREIRA, L. M. Desenvolvimento do estudo: estratégia inicial. **Acta Cirurgica Brasileira**, São Paulo, v. 20, 2005. Disponível em: <http://www.scielo.br/scielo.php?script=sci_arttext&pid=S0102-86502005000800003&lang=pt>. Acesso em: 15 dez. 2016.

OLIVEIRA, M. de; GOMES, C. A. de A.; FURTADO, J. R. **Guia de orientações para elaboração de exercícios simulados de preparação para os desastres**. Florianópolis: Ceped, 2011.

PARANÁ. Casa Militar. Coordenadoria Estadual de Proteção e Defesa Civil. **Guia de procedimentos para ações de proteção e defesa civil**. Disponível em: <http://www.defesacivil.pr.gov.br/modules/conteudo/conteudo.php?conteudo=15>. Acesso em: 29 mar. 2017.

_____. Casa Militar. Coordenadoria Estadual de Proteção e Defesa Civil. **Marco de Sendai para a redução do risco de desastres 2015-2030**. Disponível em: <http://www.defesacivil.pr.gov.br/modules/conteudo/conteudo.php?conteudo=291>. Acesso em: 15 dez. 2016.

PARANÁ. Corpo de Bombeiros. **NPT 017**: brigada de incêndio. Paraná, 2012.

PARANÁ. Lei n. 18.519, de 23 de julho de 2015. **Diário Oficial do Estado**, Curitiba, 24 jul. 2015. Disponível em: <http://www.legislacao.pr.gov.br/legislacao/listarAtosAno.do?action=exibir&codAto=144318&indice=1&totalRegistros=134&anoSpan=2015&anoSelecionado=2015&mesSelecionado=0&isPaginado=true>. Acesso em: 15 dez. 2016.

RIO DE JANEIRO (Estado). Secretaria da Defesa Civil. **Histórico e evolução da Defesa Civil no Brasil**. 1999. Disponível em: <http://www.gse.rj.gov.br/documentos/trabalhos%20e%20pesquisas/Historico_Defesa_Civil.pdf>. Acesso em: 11 dez. 2016.

SÁ, S. D.; WERLANG, B. S. G.; PARANHOS, M. E. Intervenção em crise. **Revista Brasileira de Terapias Cognitivas**, Rio de Janeiro, v. 4, n. 1, jun. 2008.

SANDES, W. F.; RODRIGUES, J. B.; VIEGAS, E. M. **Gabinetes de Gestão Integrada em Segurança Pública**: coletânea 2003-2009. Brasília: Ministério da Justiça/Secretaria Nacional de Segurança Pública, 2009.

SANTANA JÚNIOR, F. das C. de; GADELHA JÚNIOR, F. das C. A legítima defesa antecipada. **Revista Direito e Liberdade**, Mossoró, v. 3, n. 2, p. 351-368, set. 2006. Disponível em: <http://www.esmarn.tjrn.jus.br/revistas/index.php/revista_direito_e_liberdade/article/viewFile/282/319>. Acesso em: 15 dez. 2016.

SISTEMAS remotos para monitoramento e alerta e sua importância para a redução de desastres naturais. In: ENCONTRO NACIONAL DE ESTUDOS ESTRATÉGICOS, 12., Rio de Janeiro, 8 nov. 2012.

SOUZA, P. H. de. **Sistema de Comando de Incidentes**: nível operações. 1. ed. Corpo de Bombeiros do Paraná. [S.d.]. Disponível em: <http://www.defesacivil.pr.gov.br/arquivos/File/publicacoes/ManualSCI.pdf>. Acesso em: 11 dez. 2016.

SOUZA, W. M. de. **Gerenciamento de crises**: negociação e atuação de grupos especiais de polícia na solução de eventos críticos. Monografia (Curso de Aperfeiçoamento de Oficiais) – Centro de Aperfeiçoamento e Estudos Superiores, Polícia Militar do Estado de São Paulo, São Paulo, 1995.

ZANELLA, L. C. H. **Metodologia de estudo e de pesquisa em administração**. 2. ed. Florianópolis: Departamento de Ciências da Administração/UFSC, 2012.

# Capítulo 1

1. c
2. c
3. a
4. c
5. b
6. d
7. d
8. a
9. A Associação Brasileira de Normas Técnicas (ABNT), órgão nacional que define as normas técnicas em várias áreas no território brasileiro, define bombeiro como uma pessoa treinada e capacitada, atuante na proteção da vida, do meio ambiente e do patrimônio e que presta serviços de prevenção e atendimento a emergências. Brigadista de incêndio é a pessoa, voluntária ou indicada, treinada e capacitada para agir na prevenção e no combate ao princípio de incêndio, auxiliando as pessoas no abandono seguro da área onde se encontram em direção a outra área preestabelecida, geralmente fora da edificação ou em outro lugar seguro da planta.

    Há duas principais diferenças: (1) o brigadista está limitado em agir no princípio de incêndio, e o bombeiro faz também o enfrentamento do incêndio propriamente dito; (2) o treinamento do bombeiro civil é mais extenso e mais abrangente que o do brigadista.

10. O extintor do tipo A (carga de água pressurizada) não pode ser

utilizado para qualquer evento, em razão de sua especificação conforme norma - para combate a incêndio em materiais combustíveis sólidos, como madeira e papel.

**Capítulo 2**

1. a
2. d
3. a
4. d
5. b
6. a
7. c
8. c
9. A Defesa Civil é considerada no Decreto Federal 97.274, de 16 de dezembro de 1988, como "o conjunto de medidas destinadas a prevenir, limitar ou corrigir os riscos e danos pessoais e materiais decorrentes de estado de calamidade pública ou de situação de emergência". Castro (2007) esclarece que a Defesa Civil é um conjunto de ações preventivas, de socorro, assistenciais e reconstrutivas com o intuito de evitar ou minimizar situações de desastres, buscando salvaguardar o moral da população, evitando o sofrimento e restabelecendo a normalidade social.

    O Sistema Nacional de Proteção e Defesa Civil (Sinpdec) visa ao planejamento e à promoção da defesa nacional de forma permanente contra calamidades públicas, reunindo esforços e sendo a plataforma comum entre os órgãos e entidades públicos e privados que executam ações de planejamento, coordenação e execução das medidas de assistência às populações acometidas por eventos adversos, e realizam ações de prevenção ou reparação de danos causados em situações de emergência ou estado de calamidade pública.

10. A assistência, direta ou indireta, às comunidades afligidas por uma situação de emergência ou que se encontre em um estado de calamidade pública, será concedida para os seguintes itens:
    » alimentos, medicamentos e agasalhos;
    » artigos de higiene pessoal;
    » artigos de limpeza, desinfecção e conservação;

- » utensílios domésticos;
- » material destinado à construção de abrigos emergenciais;
- » combustível;
- » equipamentos para busca e salvamento;
- » Água potável;
- » Apoio logístico às equipes empenhadas nas operações;
- » Material de sepultamento;
- » Pagamento de serviços de terceiros, quando utilizado na emergência]

## Capítulo 3

1. d
2. a
3. b
4. c
5. a
6. c
7. b
8. d
9. São classificados pela sua origem, intensidade e evolução.
10. Desastre de evolução aguda e desastre de evolução crônica.

## Capítulo 4

1. b
2. c
3. d
4. a
5. c
6. b
7. a
8. d
9. Imprevisibilidade, compressão do tempo e ameaça à vida.
10. Fase de identificação das ameaças, fase de avaliação e fase de hierarquização dos riscos.

## Capítulo 5

1. c
2. b
3. c
4. b
5. d
6. a
7. a
8. d
9. Os Gabinetes de Gestão Integrada em Segurança Pública (GGI) buscam fomentar a discussão a respeito das políticas em segurança pública com esforços voltados para a redução da violência e da criminalidade, trazendo para o diálogo

diferentes órgãos do poder público e a sociedade civil.

10. Prevenção de desastres, preparação para emergências e desastres, resposta aos desastres e reconstrução.

## Capítulo 6

1. d
2. a
3. d
4. a
5. a
6. c
7. b
8. b
9. As situações foram as seguintes:
   » falta de uma estrutura de comando clara, definida e adaptável às situações, causando perda de tempo;
   » dificuldade em estabelecer prioridades e objetivos comuns;
   » falta de uma terminologia comum entre os órgãos envolvidos;
   » falta de integração e padronização das comunicações;
   » falta de planos e ordens consolidados.

10. O Sistema de Comando de Incidentes (SCI) ou Incident Command System (ICS) foi criado nos Estados Unidos, depois que uma série de incêndios florestais sem precedentes destruiu uma grande área no sudoeste da Califórnia. Para se evitarem novos desastres e se prepararem para combater de forma efetiva os incidentes dessa natureza, várias autoridades do governo da Califórnia e os prefeitos das cidades da região reuniram esforços e articularam uma resposta, formando o Firefighting Resources of California Organized for Potential Emergencies (Firescope), que centralizou ações conjuntas de vários órgãos para combater esses eventos.

**Jean Flávio Martins Campos**, natural de Bandeirantes (PR), é especialista em Segurança Pública pela Faculdade São Braz, em Curitiba, e em Gestão Pública pela Universidade Federal do Paraná (UFPR) e graduado em Engenharia de Produção pela Faculdade Educacional Araucária (Facear).

Desde 2010 é profissional na área de segurança pública como Guarda Municipal (Guarda Civil Metropolitano) na Cidade de Araucária (PR), instituição que, além de prestar serviços de segurança, aloca a Defesa Civil do município.

Participa de forma voluntária do Núcleo Comunitário de Proteção e Defesa Civil Mahikari, em Curitiba (PR), como coordenador técnico desde 2013, atividade em que desenvolve ações de prevenção e coordena a equipe de brigadistas voluntários na sede da entidade.

Os papéis utilizados neste livro, certificados por instituições ambientais competentes, são recicláveis, provenientes de fontes renováveis e, portanto, um meio responsável e natural de informação e conhecimento.

FSC
www.fsc.org
MISTO
Papel produzido a partir de fontes responsáveis
FSC® C103535

Impressão: Reproset
Março/2021